Inhalt

100% übersichtlich

Erleben Sie 100% Mailand auf sechs Spaziergängen. Jedes Kapitel im 100% Cityguide ist einem Spaziergang gewidmet. Am Kapitelende gibt es eine Karte mit der Kurzbeschreibung des Spaziergangs. Auf der Karte in der vorderen Umschlagklappe sehen Sie die sechs Kartenausschnitte im Überblick. Dort finden Sie anhand der Buchstaben Ⓐ bis Ⓩ alle Hotels sowie die Sehenswürdigkeiten und Ausgehtipps, die nicht auf einem der Spaziergänge liegen.

In den sechs Kapiteln beschreiben wir ausführlich, welche Sehenswürdigkeiten Sie auf den Spaziergängen entdecken können und wo man gut essen, trinken, shoppen, feiern und relaxen kann. Alle Adressen sind mit einer Nummer ① gekennzeichnet, die Sie im Stadtteilplan am Ende des Kapitels wiederfinden. An der Farbgebung der Nummer können Sie erkennen, zu welcher Kategorie die jeweilige Adresse gehört:

● Sehenswürdigkeiten	● Shoppen
● Essen & Trinken	● 100% there

SECHS SPAZIERGÄNGE

Zu jedem Kapitel gehört ein Spaziergang, der – ohne Besuch der genannten Adressen – ungefähr drei Stunden dauert. Die Länge der Strecke (in km) finden Sie über der Wegbeschreibung und auf den einzelnen Stadtteilplänen sehen Sie den genauen Verlauf der Route. Die Beschreibung neben dem Stadtplan führt Sie entlang der Sehenswürdigkeiten zu den schönsten Adressen. So entdecken Sie fast nebenbei die besten Shoppinggelegenheiten, die nettesten Restaurants und die angesagtesten Cafés und Bars. Wer irgendwann keine Lust mehr hat, der Route zu folgen, kann aufgrund der ausführlichen Tipps und Pläne auch wunderbar auf eigene Faust Entdeckungen machen.

PREISANGABEN BEI HOTELS UND RESTAURANTS

Um Ihnen eine Vorstellung von den Preisen in den Hotels und Restaurants zu geben, finden Sie bei den Anschriften stets auch die Preise. Die Angaben für Hotels beziehen sich auf ein Doppelzimmer mit Frühstück pro Nacht, es sei denn, es ist etwas anderes angegeben. Die Angaben für die Restaurants nennen – wenn nicht anders verzeichnet – den Durchschnittspreis eines Hauptgerichts. Bei Cafés ist dies der Preis für ein Sandwich oder eine kleine Mahlzeit.

ITALIENISCHE GEPFLOGENHEITEN

Italiener frühstücken nicht gerade ausgiebig. Oft reichen ein Brioche und ein Cappuccino in einer Bar aus. Wer seinen Espresso direkt an der Theke trinkt, zahlt weniger als am Tisch. Daher bleiben viele Italiener einfach an der Bar stehen. Zwischen 12.30 und 14 Uhr wird zu Mittag gegessen. Abends sitzt man selten vor 20 Uhr am Tisch, nicht zuletzt deshalb, weil viele Restaurants erst um 20 Uhr wieder ihre Türen öffnen. Um den kleinen Hunger zwischendurch zu stillen, isst man gegen 16 Uhr eine *merenda*, einen süßen oder herzhaften Snack.

Vor dem Abendessen gibt es in der Regel einen *aperitivo*. Nicht gerade billig in einem Lokal, aber immerhin inklusive der Häppchen auf dem Tresen. In Mailand ist der *aperitivo* (mit den Snacks) häufig so üppig, dass er ein ganzes Abendessen ersetzen kann. Das Abendessen selbst besteht aus einem *antipasto* (erste Vorspeise), einem *primo* (zweite Vorspeise) und dann einem *secondo* (Hauptgericht). Ein *primo* ist ein Nudel- oder Reisgericht, die Hauptspeise ein Fisch- oder Fleischgericht; Gemüse und Kartoffeln muss man oft extra dazubestellen. Diese findet man auf der Speisekarte unter *contorni*.

In der italienischen Gastronomie gibt es drei Arten von Speiselokalen. Ein Ristorante ist eher schick, während die Trattoria einfacher ist, allerdings sind die Portionen größer. Eine Osteria ist von jeher ein preisgünstiges Lokal, in dem sich früher oft Fernfahrer trafen. Heute sind Osterias wegen der niedrigen Preise bei allen sehr beliebt.

Trinkgeld muss man in einem Restaurant nicht geben, das ist bereits im Preis miteingerechnet (*coperto*, meistens 1 Euro pro Person. Den exakten Betrag finden Sie in der Regel auf der Speisekarte).

GUT ZU WISSEN

Italiener nehmen ihre (kleinen) Kinder gerne überall mit hin, sodass es in einfacheren Restaurants schnell mal etwas lauter zugeht. Viele Geschäfte sind zwischen 13 und 15.30 Uhr geschlossen, dafür abends oft bis 19.30 Uhr geöffnet, manche Kaufhäuser sogar bis 22 Uhr.

NATIONALE FEIERTAGE

Neben Neujahr, Ostern und Weihnachten kennen die Mailänder noch folgende gesetzliche Feiertage:

6. Januar	Dreikönigstag (an dem die Hexe Befana den Kindern einen Strumpf voller Süßigkeiten bringt)
25. April	Tag der Befreiung
1. Mai	Tag der Arbeit
2. Juni	Tag der Republik
15. August	Mariä Himmelfahrt
1. November	Allerheiligen
7. Dezember	Sant'Ambrogio (Schutzpatron Mailands)
8. Dezember	Mariä Empfängnis

An diesen Feiertagen sind die meisten Geschäfte, Bars und Restaurants geschlossen. Gleiches gilt für die Zeit vom 15. August bis zum 1. September. In diesen Sommerwochen wirkt Mailand wie eine brütend heiße Geisterstadt, in der die Temperaturen manchmal bis 40 °C ansteigen können. Zwischen dem 1. und 5. Januar haben viele Läden ebenfalls geschlossen, bevor am 6. Januar der Schlussverkauf losgeht.

HABEN SIE NOCH TIPPS?

Wir haben diesen Reiseführer mit sehr großer Sorgfalt zusammengestellt. Da das Angebot an Geschäften und Restaurants in Mailand jedoch regelmäßig wechselt, kann es sein, dass eine Empfehlung nicht mehr existiert. Besuchen Sie in diesem Fall oder wenn Sie andere Anmerkungen oder Fragen zu diesem 100% Cityguide haben, unsere Webseite *www.100travel.de/mailand* oder schreiben Sie uns an *info@momedia.com*. Wir freuen uns über Ihre Hinweise, neue Tipps und natürlich auch Fotos. Posten Sie diese gerne auf unserer facebook fanpage: *facebook.com/100travel*.

Last but not least möchten wir noch bemerken, dass keine der vorgestellten Adressen für ihre Erwähnung bezahlt hat, weder für den Text noch für die Fotos. Alle Texte wurden von einer unabhängigen Redaktion geschrieben.

Hotels

Aufgrund der vielen (internationalen) Messen hat Mailand ein großes Hotelangebot. Die Zimmer sind meistens jedoch teurer als in anderen italienischen Städten: In einem guten Mittelklassehotel kostet ein Zimmer etwa 150 Euro pro Nacht, während der Mailänder Modewoche sogar das Zwei- oder Dreifache. In Messezeiten sind viele Hotels ausgebucht, reservieren Sie also frühzeitig. Wenn Sie sich direkt an das Hotel wenden, ist das oft günstiger. Manche Hotels bieten auch interessante Wochenend-Arrangements an.

Berücksichtigen Sie bei der Auswahl der Stadtviertel, die Sie besuchen wollen, dass Mailand ziemlich weitläufig ist. Je zentraler das Viertel, desto beliebter ist es. Brera zum Beispiel ist sehr gefragt und so auch teuer. In manchen Gegenden wie beispielsweise Isola und rund um den Hauptbahnhof sollte man besser kein Zimmer nehmen, denn dort fühlt man sich als Tourist am Abend nicht sicher. Suchen Sie sich am besten ein Hotel im Gebiet zwischen den zentralen U-Bahn-Stationen (Linie 1 Bande Nere/Amendola Fiera – Loreto, Linie 2 Porta Genova – Garibaldi und Linie 3 Porta Romana – Centrale).

Unter *www.100travel.de/mailand* gibt es noch mehr Hotels. Die Zimmer in den 1- und 2-Sterne-Hotels (niedrige Preisklasse) haben oft ein gemeinsames Bad auf dem Gang und keine Klimaanlage. Letzteres sollte man klären, bevor man ein Zimmer für einen Aufenthalt im Sommer bucht. In allen Hotels wird an der Rezeption Englisch gesprochen.

GÜNSTIGE PREISKLASSE

Ⓐ Im **Nuovo Marghera**, das nur einen Steinwurf von der Gelateria Marghera, dem besten Eiscafé der Stadt, entfernt liegt, sind alle Zimmer komfortabel, jedoch nicht sehr geräumig. Außerdem sind sie schallisoliert, sodass der Lärm dieses lebhaften Viertels draußen bleibt. Gäste erhalten gegen Gebühr nette Extras wie ein Auto mit Chauffeur oder Ausflüge zu den Factory-Outlets bekannter Modedesigner. Überall im Hotel hängen Kunstwerke, die man auch kaufen kann.
via marghera 2, www.hotel-marghera.com, telefon: 02 4814321, preis: ab 75 €, u-bahn: 1 wagner

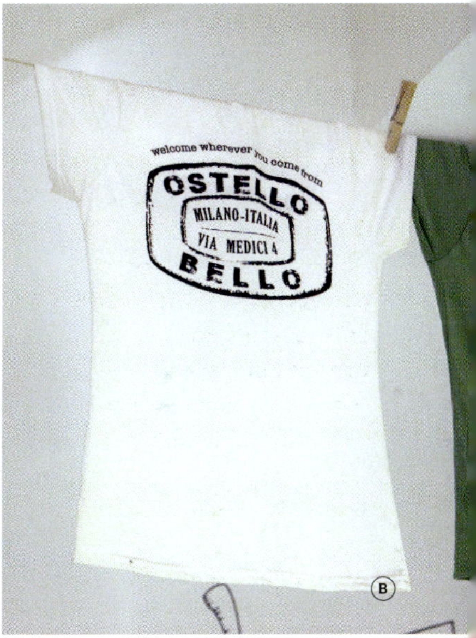

Ⓑ Die Lage des **Ostello Bello** könnte besser gar nicht sein: Es befindet sich in einer Seitenstraße der Via Torino und Sie erreichen von dort in weniger als zehn Gehminuten den Dom im Herzen der Stadt oder auch das Viertel Naviglio. Neben Schlafsälen (ab 28 Euro/Person) verfügt das Hostel auch über einige Doppel- und Mehrbettzimmer. WLAN und Frühstück sind im Preis inbegriffen. Auf der großzügigen Terrasse warten Hängematten und ein Grillbereich.
via medici 4, www.ostellobello.com, telefon: 02 36582720, preis: ab 80 €, straßenbahn: 3 torino-carrobio

Ⓓ B&B ROSSOSEGNALE

Ⓒ Das **B&B Navigli** liegt an einem stillen Innenhof im gemütlichen Stadtteil Naviglio. Zu den berühmten Kanälen sind es nur fünf Minuten zu Fuß. Die neun Zimmer auf zwei Etagen sind modern eingerichtet und klimatisiert. Sie verfügen zudem über ein eigenes Badezimmer, Kühlschrank und Internetanschluss. Einen Aufzug gibt es jedoch nicht.
via gentilino 7, www.bbhotels.it, telefon: 02 87381614, preis: ab 83 €, straßenbahn: 3 san gottardo lagrange, 9, 29, 30 piazza XXIV maggio

MITTLERE PREISKLASSE

(D) Im **B&B Rossosegnale** fühlt man sich so richtig zu Hause. Kein Wunder, denn das rührt noch von den Anfängen her, als die Inhaber einige Künstler aus Bologna, die in Mailand zu tun hatten, bei sich nächtigen ließen. So entstand sukzessive das heutige B&B mit drei unterschiedlich eingerichteten Schlafzimmern, in denen jeweils eine andere Farbe dominiert. Das B&B, das etwas außerhalb der historischen Altstadt liegt, aber nur fünf U-Bahn-Minuten vom Dom entfernt ist, hat auch eine eigene Kunstgalerie.
via sacchini 18, www.rossosegnale.it, telefon: 02 29527453, preis: ab 160 €, u-bahn: 1, 2 loreto

(E) Das **Townhouse 12** liegt etwas versteckt unweit des Mailänder Nachtlebens. Die 18 modernen Zimmer des beliebten Designhotels haben alle ein eigenes Komfort-Badezimmer. Das Frühstück wird an einem langen Holztisch serviert, an dem alle Gäste Platz finden. Einen Absacker vor dem Schlafengehen bekommt man in der Loungebar.
piazza gerusalemme 12, www.townhouse.it/th12, telefon: 02 89078511, preis: ab 170 €, straßenbahn: 1 sempione-domodossola, 7 procaccini-gramsci, 12, 14 cenisio-messina

(F) Das gemütliche **Antica Locanda Solferino** liegt im alten Künstlerviertel – und das schon seit 1926. Die elf kleinen Zimmer sind mit Möbeln aus dem frühen 20. Jahrhundert eingerichtet und verfügen über ein eigenes Badezimmer mit Whirlpool. Das Interieur der zwei Appartements dagegen ist im Stil der 1960er-Jahre gehalten. Gefrühstückt wird auf den Zimmern, die alle klimatisiert und mit WLAN ausgestattet sind. An der Rezeption erhält man Informationen und Reservierungen, zum Beispiel für *Das letzte Abendmahl.*
via castelfidardo 2, www.anticalocandasolferino.it, telefon: 02 6570129, preis: zimmer ab 185 €, apartement ab 180 €, u-bahn: 2 moscova

GEHOBENE PREISKLASSE

Ⓖ Wer das Ausgefallene sucht, ist im **3 Rooms** im Herzen des Mailänder Ausgehviertels genau richtig. Dieses exklusive Bed-and-Breakfast mit nur drei Einzimmerappartements liegt im grünen Innenhof des bekannten Lokals 10 Corso Como. Die Stylistin Carla Sozzani hat jedes Appartement individuell mit Möbeln renommierter Designer wie Arne Jacobsen und Charles & Ray Eames eingerichtet. Wunderschöne Mosaikwände zieren die Badezimmer.
corso como 10, www.3rooms-10corsocomo.com, telefon: 02 626163, preis: ab 280 €, u-bahn: 2 garibaldi

Ⓗ Das traumhafte Designhotel **Straf** befindet sich nur drei Gehminuten vom Mailänder Dom und der Altstadt entfernt. Von den 64 Hightech-Zimmern verfügen einige über Massagesessel oder einen Wellnessraum. Die vom Architekten Vincenzo de Cotiis eingerichteten Zimmer kombinieren Schiefer, Eisen und warme Farbtöne mit vielen Spiegeln. Extravagant ist auch die Bar.
via san raffaele 3, www.straf.it, telefon: 02 805081, preis: ab 290 €, u-bahn: 1, 3 duomo

Ⓘ Die Luxusmarke **Bulgari** besitzt ein Hotel in Mailand – ganz in der Nähe der Edel-Einkaufsmeile Via Monte Napoleone. In den stilvoll eingerichteten Zimmern heben sich die dunklen Designermöbel elegant von den weißen Wänden ab. Nicht umsonst darf sich dieses Hotel als eines der besten Mailands rühmen. Im Innenhof lässt sich wunderbar das Dolcefarniente genießen.
via privata fratelli gabba 7b, www.bulgarihotels.com, telefon: 02 8058051, preis: ab 600 €, u-bahn: 3 montenapoleone

Ⓙ Wer sich für das **Park Hyatt Milano** entscheidet, schätzt Luxus und liebt es, zu sehen und gesehen zu werden. Das Hotel befindet sich neben einem Ausgang der Galleria Vittorio Emanuele und ist eines der am zentralsten gelegenen Fünfsternehäuser Mailands. Es ist in einem einstigen Bankgebäude mit dicken Mauern untergebracht und verspricht daher eine angenehme Nachtruhe. Auf der Suche nach etwas Ausgefallenem? Buchen Sie eine Suite mit Privatterrasse, die über einen Whirlpool inklusive Dom-Blick verfügt. Park Hyatt ist übrigens das einzige Hotel der Stadt mit einem Sternerestaurant (1 Michelin-Stern). Im VUN serviert Küchenchef Andrea Aprea raffinierte Gerichte.
via tommaso grossi 1, www.milan.park.hyatt.com, telefon: 02 88211234, preis: ab 650 €, u-bahn: 1, 3 duomo

3 ROOMS Ⓖ

Unterwegs

Mailand liegt unweit dreier **Flughäfen**: Linate, Malpensa und Orio al Serio (Bergamo). Auf dem Flughafen Linate, nur sieben Kilometer vom Stadtzentrum entfernt, landen Flugzeuge aus Berlin und Frankfurt. Nach Malpensa gelangt man von Berlin, Düsseldorf, Frankfurt, Hamburg, München und Stuttgart, nach Bergamo von Bremen, Berlin-Schönefeld, Düsseldorf, Hamburg-Lübeck und Weeze.

Bergamo ist 55 Kilometer vom Mailänder Zentrum entfernt, zu weit für eine Taxifahrt. Eine einfache Fahrt mit dem **Shuttlebus** (halbstündlich; Wochenende: siehe *www.orioshuttle.com*) zum Hauptbahnhof (Stazione Centrale) kostet 10 Euro (hin und zurück 16 Euro). Fahrkarten gibt es im Bus. Von Malpensa kommt man am schnellsten mit dem **Malpensa Express** (halbstündlich; *www.malpensaexpress.it*) nach Mailand. Die Fahrt zum zentral gelegenen Bahnhof Cadorna dauert 40 Minuten und kostet einfach 11 Euro (hin und zurück 14,50 Euro). Eine Taxifahrt ist um einiges teurer. Von Linate aus fährt ein **Bus** (Linie 73) im Zehnminutentakt zur U-Bahn-Station San Babila im Stadtzentrum. Die Fahrkarte (am Flughafen erhältlich) kostet 1 Euro. Der Shuttlebus zum Hauptbahnhof fährt jede halbe Stunde für 3 Euro.

In Mailand ist die **U-Bahn** das beste Transportmittel (das Liniennetz finden Sie auf der hinteren Umschlagklappe). Für längere Strecken bietet sich auch die **Straßenbahn** an. Die Busverbindungen sind ebenfalls gut, aber das U- und Straßenbahnnetz ist leichter zu verstehen und man ist schneller am Ziel.

Eine Fahrkarte für U- oder Straßenbahn kostet 1,50 Euro und gilt für eine Fahrt, ungeachtet der Strecke. Umsteigen zwischen beiden Transportmitteln mit einer Fahrkarte ist erlaubt. Fahrkarten sind an den Kiosken der U-Bahn-Stationen oder in den *tabacchi* erhältlich, nicht jedoch in den Nahverkehrsmitteln selbst. Es gibt auch 24- bzw. 48-Stunden-Tickets (4,50 bzw. 8,25 Euro). Die U-Bahnen verkehren regelmäßig zwischen 6 und 2 Uhr. Bei den Nachtlinien wechseln die Fahrtzeiten häufig (siehe *www.atm-mi.it*).

In Mailand kann man nicht einfach ein **Taxi** auf der Straße anhalten. Fragen Sie deshalb nach dem nächstgelegenen Taxistand.

Wer mit dem **Auto** in Mailand unterwegs ist, sollte gut auf die Verkehrsschilder achten. Mailand hat 2008 zur Verbesserung der Luftqualität eine Umweltzone eingerichtet, für die man einen "Ecopass" braucht. Seitdem sind Teile der Stadt zu bestimmten Zeiten, meist von 7.30 bis 19.30 Uhr, gesperrt (siehe weißes Zusatzschild unter dem Verbotsschild). Den Ecopass gibt es bei Zeitungskiosken und ATM-Verkaufsstellen *(www.ecopassmilano.it)*. Die Regelung gilt nicht für Benziner mit Euro 3/4 und Dieselfahrzeuge mit Euro 4.

Dank **BikeMi** kann man Mailand auch per Fahrrad erkunden. Im Zentrum warten an 103 Stellen 1300 Räder. Karten (pro Tag 2,50 Euro, pro Woche 6 Euro) gibt es im Internet oder an den ATM-Verkaufsstellen in den U-Bahn-Stationen Duomo, Cardorna, Loreto, Romolo und Centrale. Diese sind werktags von 7.45 bis 19.15 Uhr geöffnet (*www. bikemi.com*). Tipp: nur mit Kreditkarte.

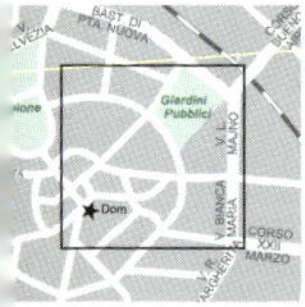

Centro & Giardini Pubblici

Prachtbauten, Shopping und Entspannung im Park

Im Herzen Mailands ist immer viel Betrieb. Kein Wunder, denn hier befinden sich viele historische Gebäude sowie zahlreiche Geschäfte, in denen man schier endlos shoppen kann. Highlight der Altstadt: der mächtige, mit weißem Marmor verkleidete Duomo (Dom) und die Piazza del Duomo, der Domplatz.

Bereits in der Römerzeit war die große Piazza del Duomo eine Begegnungsstätte, und das ist auch heute noch so. Der Platz bietet einen herrlichen Blick auf die berühmte Galleria Vittorio Emanuele und den Palazzo della Ragione. Die Piazza ist nicht nur Treffpunkt der Jugend, sondern auch Austragungsort für Demonstrationen und Veranstaltungen sowie Heimat Tausender Tauben. Viele Jugendliche und Touristen zieht es zu den Modeläden auf dem benachbarten Corso Vittorio Emanuele. So voll es hier tagsüber ist, so menschenleer ist es abends nach Ladenschluss.

1

Die Gegend um den Domplatz herum wird von mächtigen Bauwerken beherrscht, die teils aus der Zeit des Faschismus stammen, teils schon mehrere Jahrhunderte alt sind. Auf dem Corso Vittorio Emanuele reihen sich endlos Geschäfte und Cafés aneinander – sehr einladend, aber leider auch teuer.

Mailand ist die Modestadt schlechthin. Die Luxusläden findet man fast ausschließlich im "Quadrilatero d'Oro" zwischen der Via Montenapoleone, der Via Sant'Andrea, der Via della Spiga und der Via Borgospesso. Am exklusivsten sind die traditionellen Modemeilen Mailands, die Via Montenapoleone und die etwas weniger bekannte, aber ebenso noble Via della Spiga.

In der Fußgängerzone sind neben den Schaufenstern auch die prächtigen Häuser und Palazzi sehenswert, die größtenteils noch bewohnt sind. Außerdem findet man hier zwei Museen. Es macht einfach Spaß, durch die vielen kleinen Gassen zu schlendern und dann in den schönen Giardini Pubblici (Stadtpark) eine Pause einzulegen.

6 Insider-Tipps

Duomo besteigen

Auf dem Dach des Doms die herrliche Aussicht genießen.

Museo Poldi Pezzoli

Botticelli bewundern und anschließend einen Aperitif trinken.

Mimmo

In einem besonderen Ambiente italienische Speisen genießen.

Armani Casa

Möbel von Armani bestaunen.

Grom

In Dom-Nähe fantastisches Eis kosten.

Teatro alla Scala

Eine Oper im berühmten Opernhaus erleben.

- **Sehenswürdigkeiten**
- **Shoppen**
- **Essen & Trinken**
- **100% there**

Sehenswürdigkeiten

① Der **Mailänder Dom** ist eine der größten Kirchen Italiens. Der Bau wurde 1386 begonnen und erst sechs Jahrhunderte später vollendet. Der Gotikbau ist mit mehr als 3500 Statuen von Heiligen, Tieren und Ungeheuern bestückt, die sowohl an den Außenfassaden als auch auf den vielen Türmen stehen. Die vergoldete Madonna auf dem höchsten Turm ist abends schon von Weitem sichtbar. Es soll Glück bringen, das Bein oder die Hand Jesu rechts neben dem Eingang zu berühren.
piazza del duomo 18, www.duomomilano.it, telefon: 02 72023375, geöffnet: täglich 7.00-19.00, eintritt: frei, u-bahn: 1, 3 duomo

④ Der **Palazzo Reale** (königlicher Palast) wurde 1778 vom selben Baumeister errichtet, der auch das bekannte Teatro alla Scala erbaut hat. In der ersten Etage befindet sich das Museum für zeitgenössische Kunst. Im Palazzo della Permanente nebenan sind oft Werke großer Maler wie Klimt und Picasso ausgestellt.
piazza del duomo 12, www.comune.milano.it/palazzoreale, telefon: 02 875672, geöffnet: mo 14.30-19.30, di, mi, fr & so 9.30-19.30, do & sa 9.30-22.30, eintritt: wechselnd, u-bahn: 1, 3 duomo

⑤ Als die gotische Kirche **San Gottardo in Corte** 1330 erbaut wurde, überragte sie alles, denn der Palazzo Reale war damals noch viel kleiner als heute. Doch seit seiner Erweiterung um 1700 fällt die Kirche kaum noch auf. Im Kirchturm, einem der schönsten Mailands, befindet sich eine der ältesten Glocken der Stadt. Absolut sehenswert: das Fresko aus dem Jahr 1360.
via palazzo reale 14, telefon: 02 86464500, geöffnet: mo-fr 8.00-18.30, sa 16.00-19.30, so 8.30-13.30, eintritt: frei, u-bahn: 1, 3 duomo

⑧ Die Einkaufspassage **Galleria Vittorio Emanuele** wurde 1867 eröffnet und fasziniert durch ihre 47 Meter hohe Glaskuppel sowie einen prächtigen Mosaikboden. In ihm ist das Wappen der Savoyendynastie eingelegt, ein weißes Kreuz auf rotem Grund, umringt von den Symbolen der vier Städte Turin, Rom, Florenz und Mailand. Übrigens: Wer dem Turiner Stier in den Hoden tritt, kann angeblich auf eine Steigerung der Potenz bzw. der Fruchtbarkeit hoffen.
piazza del duomo/piazza della scala, geöffnet: täglich, u-bahn: 1, 3 duomo

(19) Die **Casa degli Omenoni** liegt etwas versteckt und wird daher gerne übersehen. Sogar vielen Mailändern ist dieses Haus mit den wuchtigen Statuen nicht bekannt. Diese wurden 1565 vom Bildhauer Leoni angefertigt. Sich selbst hat er im Gesims über der Eingangstür verewigt, eingerahmt von zwei Löwen. Das Gebäude ist nicht öffentlich zugänglich.
via degli omenoni 3, u-bahn: 1, 3 duomo

(20) Alessandro Manzoni (1785–1873) gehört zu den bedeutendsten Schriftstellern Italiens. Sein berühmtestes Werk ist *I Promessi Sposi* (Die Brautleute). In seinem Wohnhaus **Casa del Manzoni** werden seine Werke präsentiert.
via gerolamo morone 1, www.casadelmanzoni.mi.it, telefon: 02 86460403, geöffnet: di-fr 9.00-12.00 & 14.00-16.00, eintritt: frei, u-bahn: 1, 3 duomo

(21) Poldi Pezzoli, einst der begehrteste Junggeselle Mailands, verwandelte ab 1871 sein Wohnhaus in ein Museum, das **Museo Poldi Pezzoli**. Die Sammlung besteht aus klassischen Gemälden – darunter ein Botticelli von 1495 –, antiken Uhren und Rüstungen. An zwei Mittwochabenden im Monat hat das Museum länger geöffnet und bietet dann auch einen *aperitivo* an.
via manzoni 12, www.museopoldipezzoli.it, telefon: 02 796334, geöffnet: mo & mi-so 10.00-18.00, eintritt: 9 €, u-bahn: 1 duomo, 3 montenapoleone

(26) Auch das **Museo Bagatti Valsecchi** war einst ein Wohnhaus, ein Palazzo zweier Brüder aus dem ausgehenden 19. Jahrhundert. Ihre Erben machten die reiche Sammlung von Renaissancekunst für die Nachwelt zugänglich.
via santo spirito 10/via gesù 5, www.museobagattivalsecchi.org, telefon: 02 76006132, geöffnet: di-so 13.00-17.45, eintritt: 8 € (mi 4 €), u-bahn: 1 san babila, 3 montenapoleone

(29) Die erste Etage des Museo di Milano erzählt mit der Dauerausstellung von Gemälden, Kunstgegenständen, Drucken und Kleidung von der Geschichte Mailands zwischen 1700 und dem frühen 19. Jahrhundert, das Erdgeschoss ist Sonderausstellungen vorbehalten. Schon der **Palazzo Morando** an sich, ein Gebäude aus dem 18. Jahrhundert mit einem Skulpturengarten und Räumen mit Originalmöbeln, ist einen Besuch wert.
via sant'andrea 6, www.costumemodaimmagine.mi.it, telefon: 02 88464532, geöffnet: di-so 9.00-13.00 & 14.00-17.30, eintritt: frei, u-bahn: 1 san babila, 3 montenapoleone

GALLERIA VITTORIO EMANUELE ⑧

㉝ In den Giardini Pubblici (Stadtpark) befindet sich die 1793 erbaute **Villa Reale**, in der Napoleon einst nächtigte. Heute ist hier die **Galleria d'Arte Moderna (GAM)** untergebracht, die (italienische) Kunst aus dem 19. Jahrhundert zeigt, darunter Gemälde und Skulpturen verschiedener Künstler wie Piccio und Pelizza. Außerdem umfasst die Sammlung eine Vielzahl von Werken internationaler Größen wie Matisse, Picasso und van Gogh.
via palestro 16, www.gam-milano.com, telefon: 02 88445947, geöffnet: di-so 9.00-13.00 & 14.00-17.30, eintritt: frei, u-bahn: 1 palestro

Essen & Trinken

⑥ Der älteste Billardsalon der Stadt, in dem schon Kinofilme gedreht wurden, war einst Treffpunkt der Mailänder Faschisten. Heute ist das **G Lounge** eine beliebte *aperitivo*-Bar. Das Souterrain mit Gewölbedecke, Spiegeln und weißen Loungesofas wirkt wie ein riesiges, aber stimmungsvolles Wohnzimmer. Tagsüber bekommt man hier auch Sandwiches.
via larga 8, www.glounge.it, telefon: 02 8053042, geöffnet: mo & di 7.00-22.00, mi-fr 7.00-3.00, sa-so 18.00-3.00, preis: aperitivo ab 8 €, u-bahn: 1, 3 duomo

⑦ Beinahe ein ganzes Jahrhundert nachdem Gaspare Campari hier seine Bar eröffnet hatte, wurde **Camparino in Galleria** am gleichen Ort neues Leben eingehaucht. Im frühen 20. Jahrhundert zählte das Café mit Domblick Berühmtheiten wie Puccini und Verdi zu seinen regelmäßigen Gästen. Heute ist es ein beliebter Anlaufpunkt für einen *aperitivo*, einen Campari Orange oder Americano mit ein paar Oliven und Nüssen an der Bar oder morgens einen Kaffee zum Wachwerden.
galleria vittorio emanuele, ecke piazza del duomo 21, www.camparino.it, telefon: 02 86464435, geöffnet: di-so 7.30-20.00, preis: drink an der bar 4 €, u-bahn: 1, 3 duomo

⑩ Trussardi Alla Scala beherbergt sowohl das Trussardi Café als auch das schicke und sündhaft teure **Ristorante Trussardi Alla Scala**. Im Café treffen sich vor allem junge Geschäftsleute auf ein leichtes Mittagessen oder einen Aperitif. Beide Lokale bieten eine herrliche Aussicht auf die Piazza. Kulinarisches Highlight ist das Sieben-Gänge-Menü.
piazza della scala 5, www.trussardiallascala.it, telefon: 02 80688201, geöffnet: mo-fr 12.30-14.30 & 20.00-22.30, sa 19.30-22.30, preis: hauptspeise 45 €, mehrgängemenü 140 €, u-bahn: 1 duomo

CAMPARINO IN GALLERIA ⑦

⑪ Ein paar Schritte vom Dom entfernt befindet sich die Gelateria **Grom**, eines der besten Eiscafés der Stadt. Hier gibt es hausgemachtes Eis aus frischen Zutaten und ohne Farbstoffe oder andere künstliche Zusätze. Neben dem Standardsortiment werden monatlich wechselnde saisonale Geschmacksrichtungen angeboten. Das Pistazieneis sieht vielleicht nicht so schön grün aus wie andernorts (natürliche Zutaten eben), dafür ist der Geschmack einfach überragend.
via s. margherita 16, www.grom.it, telefon: 02 80581041, geöffnet: fr-sa 12.00-0.00, so-do 11.30-23.30, preis: eis 2 €, u-bahn: 1, 3 duomo

⑪ **GROM**

⑫ Die *panzerotti* von **Da Luini** sind weit über die Grenzen Mailands hinaus bekannt, und das Anstehen nach den köstlichen, herzhaft gefüllten Teigtaschen lohnt sich. Zum Essen setzt man sich am besten auf die Domtreppe. *via s. radegonda 16, www.luini.it, telefon: 02 86461917, geöffnet: mo 10.00-15.00, di-sa 10.00-20.00, preis: 2,50 €, u-bahn: 1, 3 duomo*

㉔ Wer bereit ist, fürs Essen etwas tiefer in die Tasche zu greifen, sollte sich das exklusive Japanrestaurant **Nobu** nicht entgehen lassen. Die Chance, hier ein Fotomodell oder einen Filmstar zu treffen, ist groß. Ins Nobu geht man, um zu sehen und gesehen zu werden, denn das – exquisite – Essen ist sehr teuer. *via manzoni 31, www.noburestaurants.com/milan, telefon: 02 62312645, geöffnet: mo-sa 12.30-14.30 & 19.30-23.30, so 19.30-23.30, preis: 75 €, u-bahn: 3 montenapoleone*

(27) Das elegante **Café Cova** wurde 1817 eröffnet. Hier kann man einen Kaffee an der Bar trinken oder – etwas stilvoller – im Teesalon zwischen schick gekleideten Mailänderinnen und eine der vielen verschiedenen Pralinen oder eine andere süße Leckerei aus eigener Herstellung probieren.
via montenapoleone 8, www.pasticceriacova.it, telefon: 02 76000578, geöffnet: mo-sa 7.45-20.00, preis: kaffee mit kuchen am tisch 10 €, u-bahn: 1, 3 duomo, 1 san babila

(30) Das **Bagutta** ist nicht nur für die gute traditionelle Küche bekannt, sondern auch für seine Gäste, denn das Lokal ist bei Schriftstellern sehr beliebt. Im Sommer kann man auch im schönen Garten sitzen. Unbedingt probieren: *rigatoni alla bagutta* als Vorspeise und das typische Mailänder Hauptgericht *ossobuco con riso.*
via bagutta 14, www.bagutta.it, telefon: 02 76002767, geöffnet: mo-sa 12.30-22.30, preis: 25 €, u-bahn: 1, 3 duomo, 1 san babila

(31) Die Namen Dolce & Gabbana und Martini stehen für Produkte, die italienische Tradition und modernen Stil miteinander verbinden. Daher war es nur eine Frage der Zeit, bis es zu einer Kooperation kommen musste. In diesem Laden von Dolce & Gabbana kann man im schwarzen Ambiente der **Martini Bar** zum Beispiel einen Martini Gold genießen – einen Cocktail, der von beiden Firmen zusammen kreiert wurde. Oder lassen Sie sich eine Weile auf der schönen Terrasse im Innenhof nieder.
corso venezia 15, www.dolcegabbana.it/martini, telefon: 02 76011154, geöffnet: mo-sa 7.30-22.00, so 9.00-21.00, preis: cocktail 10 €, u-bahn: 1 san babila

(36) Wer die Traditionsküche Italiens in einem stimmungsvollen Ambiente genießen will, sollte einen Tisch bei **Mimmo** bestellen. Mit romantischem Kerzenlicht, zwei Kaminen und Holzmöbeln in sanftem Weiß bricht das Lokal mit der traditionellen "Ristorante-Ausstrahlung". Inhaber Mimmo, ein gebürtiger Mailänder, ist jeden Tag zugegen und ein vorbildlicher Gastgeber.
via sirtori 34, www.mimmomilano.it, telefon: 02 27723444, geöffnet: mo-sa 12.00-14.30, 19.30-23.00, preis: 25 €, u-bahn: 1 porta venezia

Shoppen

⑬ Das größte Kaufhaus Mailands, **Rinascente**, befindet sich in einem riesigen Gebäude an der Piazza del Duomo. Es ist zwar mit den bekannten deutschen Kaufhäusern vergleichbar, doch es ist ein ganzes Stück edler. Rinascente verkauft zum Beispiel Dolce & Gabbana. Über die zweite Etage gelangt man am schnellsten zum benachbarten Haus mit Freizeitmode, dessen Haupteingang sonst nur schwer zu finden ist. In der oberen Etage gibt es Kaffee oder Mittagessen inklusive Domblick.
piazza del duomo, via s. radegonda 3, www.rinascente.it, telefon: 02 88521, geöffnet: mo-do 9.30-21.00, fr-sa 9.30-22.00, so 10.00-21.00, u-bahn: 1, 3 duomo

⑭ Auch auf den, der kein Formel-1-Fan ist, übt der Name Ferrari eine große Faszination aus. Im durchgestylten **Ferrari Store** fühlt man sich – aufgrund der Geräuschkulisse – fast wie auf der Rennstrecke von Monza. Im Untergeschoss gibt es Herren- und Kinderkleidung, auf den anderen Etagen Bücher, Zeitschriften, Modellautos und andere schöne Dinge rund ums Auto.
piazza del liberty 8, store.ferrari.com, telefon: 02 76017385, geöffnet: mo-fr & so 10.00-20.00, sa 10.00-21.00, u-bahn: 3 montenapoleone

⑮ Von der Modemarke Max Mara gibt es auch eine preisgünstige Linie: **Max & Co.** Das dreigeschossige Haus an der Piazza del Liberty hat das größte Sortiment Mailands, von elegant bis sportlich. Sehr unwahrscheinlich, dass man hier nichts Passendes findet.
corso vittorio emanuele/piazza del liberty 4, www.maxandco.com, telefon: 02 780433, geöffnet: täglich 10.00-20.00, u-bahn: 1, 3 duomo

⑯ Das Schuhgeschäft **Lolita** verbirgt sich hinter großen Schaufenstern, in denen die komplette Damenkollektion ausgestellt ist. Das Angebot setzt auf die neuesten Trends und ist dennoch sehr preisgünstig. Die Auswahl ist zwar nicht groß, dafür gibt es aber jedes Modell in jeder erdenklichen Farbe.
corso vittorio emanuele 13, telefon: 02 76022258, geöffnet: mo-sa 10.00-19.30, so 11.00-19.30, u-bahn: 1, 3 duomo, 1 san babila

RINASCENTE 13

(22) **ALESSI**

(17) Wer auf Produkte des schicken MaxMara-Labels und aller dazugehörigen Marken steht, ist bei **DT Intrend** genau richtig. Denn dieser Laden ist das offizielle Outlet der Marke im Herzen Mailands. Auf der Suche nach etwas Schickem von MaxMara oder eher etwas Sportlichem aus der Max&Co-Kollektion? Hier gibt es beides. Da die Kollektionen aus der letzten Saison stammen, sind die Preise erheblich günstiger.
galleria s. carlo 6, www.diffusionetessile.it, telefon: 02 76000829, geöffnet: täglich 10.00-19.30, u-bahn: 1 san babila

(18) **DoDo** gehört zur bekannten italienischen Schmuckmarke Pommellato. Mit dieser Produktlinie unterstützt Pommellato den Schutz bedrohter Tierarten. Bei DoDo gibt es einfache Halsketten und Armbänder aus (Weiß-)Gold, an denen man allerlei (weiß-)goldene Elemente und Anhänger befestigen kann.
corso matteoti 9, www.dodo.it, telefon: 02 49524750, geöffnet: täglich 10.00-19.00, u-bahn: 1 san babila

(22) **Alessi** ist bekannt für seine ausgefallenen Utensilien für drinnen und draußen, die Schönheit und Funktionalität in sich vereinen. Renommierte Designer sorgen immer wieder für überraschende und innovative Produkte, die alle im Mailänder Flagship-Store erhältlich sind. Ob Korkenzieher oder Futternäpfe, Design ist hier alles!
via manzoni 14, www.alessi.com, telefon: 02 795726, geöffnet: mo 10.00-14.00 & 15.00-19.00, di-sa 10.00-19.00, u-bahn: 3 montenapoleone

(23) Für Frauen, die sich Prada oder Gucci nicht leisten können, ist **Patrizia Pepe** eine tolle Alternative. Diese italienische Designerin stellt coole, aber weibliche Kleidung her, die es nicht überall zu kaufen gibt. So hat man immer etwas Besonderes im Kleiderschrank.
via manzoni 38, www.patriziapepe.com, telefon: 02 76014477, geöffnet: mo-sa 10.00-19.30, so 11.00-19.30, u-bahn: 3 montenapoleone

(25) Die renommierte Schuhmarke Ferragamo gibt es seit den 1920er-Jahren. Ende der 1930er-Jahre entwarf **Salvatore Ferragamo** den Keilabsatz, der einen enormen Hype auslöste: Filmdiven wie Judy Garland und Greta Garbo trugen seine Schuhe. Ferragamo stellt auch Accessoires und Kleidung her.
via montenapoleone 3 & 20, www.ferragamo.com, telefon: 02 76000054, geöffnet: mo-sa 10.00-19.30, so 11.00-19.00, u-bahn: 3 montenapoleone

(28) Dass Armani Anzüge herstellt, ist allgemein bekannt. Doch dass diese Topmarke auch eigene Möbel und Wohnaccessoires führt, wissen die wenigsten. Wer also von den ganzen Modeläden genug hat und Interieurdesign sehen möchte, sollte bei **Armani/Casa** in dem frisch renovierten Haus in der Via Sant'Andrea vorbeischauen.
via sant'andrea 9, www.armanicasa.com, telefon: 02 76260230, geöffnet: mo-sa 10.00-19.00, u-bahn: 1 duomo, 3 montenapoleone

(32) Kleiner Laden, riesiges Sortiment: Bei **Sermoneta** finden Frauen wie Männer Hunderte verschiedene Lederhandschuhe in allen möglichen Ausführungen, zum Beispiel mit Innenfutter aus Seide oder aus Büffelleder. Alles aus eigener Herstellung und bezahlbar. Die Auswahl an Hüten und Kappen ist ebenfalls beachtlich.
via della spiga 46, www.sermonetagloves.com, telefon: 02 76318303, geöffnet: mo-sa 10.00-19.30, so 11.00-19.00, u-bahn: 1, 3 duomo, 1 san babila

(35) Sie lieben Denim und sind immer auf der Suche nach der ultimativen Jeans? Dann sollten Sie **Dondup Casa Milano** einen Besuch abstatten. Zurzeit ist dieser Flagship-Store der einzige Dondup-Laden weltweit. In dem schönen, großzügigen Raum herrscht eine ruhige Atmosphäre – genau richtig, um italienisches Designeroutfit anzuprobieren. Dondup mag zwar für seine Jeans bekannt sein, hat aber mittlerweile ganze Kollektionen für Frauen, Männer und Kinder im Programm.
via sirtori 34, www.dondup.it, telefon: 02 27723333, geöffnet: mo 12.00-19.30, di-sa 11.00-22.00, u-bahn: 1 porta venezia

DONDUP CASA MILANO (35)

100% there

② Bei schönem Wetter ist ein Ausflug zu den **Domterrassen** äußerst lohnenswert. Vom Dach der Kirche hat man eine herrliche Aussicht auf die Stadt. Außerdem kann man die Türme inklusive aller Verzierungen und Statuen einmal aus der Nähe betrachten. Man fühlt sich wie in einem Freiluftmuseum.
piazza del duomo 18, www.duomomilano.it, telefon: 02 72023375, geöffnet: täglich 9.00-19.00, eintritt: aufzug 12 €, treppe 7 €, u-bahn: 1, 3 duomo

③ Auf dem **Blumenmarkt** lässt sich der bizarre Geschmack der Mailänder bestaunen. Gefärbte Blumen wie blaue Rosen sind hier ganz normal und auch das Einpacken ist eine Show für sich. Die Blumen sind sehr teuer: Ein schön verpackter Rosenstrauß kostet locker 35 Euro.
piazza del duomo (vor dem palazzo reale), geöffnet: märz-juni & sept.-dez. so 9.30-12.00, u-bahn: 1, 3 duomo

⑨ Das 1778 erbaute Opernhaus **Teatro alla Scala** besitzt eine der größten Bühnen der Welt und zudem eine grandiose Akustik. Zahlreiche Berühmtheiten wie Maria Callas und der Dirigent Toscanini traten in diesem Monumentalbau auf. Das Interieur ist komplett aus Holz, mit rotem Samt verkleidet und opulent dekoriert, was den Abend besonders festlich macht. Karten können Sie im Box Office in der U-Bahn-Station Duomo kaufen. Tun Sie dies möglichst frühzeitig, denn die Plätze sind begehrt. Schauen Sie sich auch mal in der Buchhandlung um: Hier gibt es unter anderem Plakate früherer Vorstellungen und Bücher über Musikgeschichte.
piazza della scala, www.teatroallascala.org, telefon: 02 72003744, u-bahn: 1, 3 duomo

(34) Für eine Verschnaufpause nach der anstrengenden Shoppingtour bieten sich die **Giardini Pubblici** (Stadtpark) an. Im größten Park Mailands kann man auf einer sonnigen Bank herrlich die Seele baumeln lassen. Der im englischen Stil angelegte Park hat viele – gut gepflegte – Rasenflächen, Springbrunnen und kleine Seen mit Fontänen.
via palestro/via bastioni di porta venezia, geöffnet: täglich 6.30-20.00 (im sommer länger), u-bahn: 1 palestro, 3 turati

DOMTERRASSEN ②

Centro & Giardini Pubblici

SPAZIERGANG 1 (ca. 6 km)

Startpunkt ist die Piazza del Duomo 1 2 3. Von hier geht es rechts zum Palazzo Reale 4. Den Palast durchqueren, die Kirche 5 passieren und das G Lounge 6 besuchen. Danach geht es zurück zur Piazza del Duomo und durch die schicke Passage 7 8 zur Piazza della Scala, um eine Opernkarte 9 zu ergattern und ein leichtes Mittagessen 10 mit Eis 11 zu genießen. Rechts in die Via Tommaso Marino einbiegen (links sehen Sie die schöne Piazza San Fedele) und von dort durch die Via S. Radegonda 12 wieder Richtung Dom zurückgehen. An der Ecke bei Rinascente 13 links in die belebte Einkaufsstraße, den Corso Vittorio Emanuele II, abbiegen. Dem Corso folgen 14 15 und die Seitenstraßen und Passagen abklappern, die unter anderem Lolita 16 und DT Intrend 17 beherbergen. Am Ende des Corso, auf der Piazza San Babila, geht es links in den Corso G. Mateotti. Gehen Sie weiter 18 zur Piazza F. Meda und danach rechts Richtung Piazza Belgioioso. Hier einen kurzen Schlenker nach links machen, um das Haus mit den mächtigen Statuen zu bestaunen 19. Den Weg in der Via Gerolamo Morone 20 fortsetzen und bis zur Via Manzoni gehen. Hier rechts in Richtung Museo Poldi Pezzoli 21 abbiegen und von dort in Richtung Alessi 22 und Patrizia Pepe 23 spazieren. Danach geht es zurück Richtung Nobu 24 und dann links in die berühmte Via Montenapoleone 25. Dem Museum 26 in der Via Gesù einen Besuch abstatten und danach zur Einkaufsstraße mit den großen Modehäusern weitergehen. Nach einer Tasse Kaffee im Café Cova 27 links in die Via Sant'Andrea einbiegen, wenn Sie sich von Armani-Möbeln 28 inspirieren lassen oder den Palazzo Morando 29 besuchen möchten. Nach dem Museumsbesuch den gleichen Weg zurückgehen und anschließend links der Via Bagutta 30 folgen, um zur Piazza San Babila zu gelangen. Hier links in den Corso Venezia abbiegen, um in der Bar von Dolce & Gabbana 31 einen Martini zu trinken. An der Ecke links in die Via della Spiga 32 abbiegen. Am Ende dieser Straße durch die Porta Nuova gehen, um auf einer Bank im Park 33 34 Ihre Errungenschaften zu bewundern. Den Park über die Porta Venezia verlassen, in die Via Marcello Malpighi einbiegen und dann die erste Straße links nehmen, um eine Jeans 35 zu kaufen. Den Spaziergang mit einem Essen 36 abschließen.

2

Viele Cafés und Restaurants in Brera sind bis spät am Abend geöffnet. Die meisten bieten typische Mailänder Gerichte an wie *cassouela* (Eintopf mit Schweinefleisch und Wirsing). In und vor den Cafés ist in der *aperitivo*-Zeit am späten Nachmittag immer sehr viel los. Übrigens kann man in diesem Viertel nicht nur gut essen, herumschlendern und shoppen – Brera hat noch mehr zu bieten. Zum Beispiel die Pinacoteca di Brera mit einer der größten Gemäldesammlungen Italiens. Oder einen Besuch beim Wahrsager: Wer sich traut, lässt sich gegen ein kleines Entgelt mittels Handlesen oder Kartenlegen die Zukunft vorhersagen – auch auf Englisch.

Die Einkaufsstraße Corso Giuseppe Garibaldi verbindet Brera mit der belebten Piazza XXV Aprile und dem alten Stadttor Porta Garibaldi. Das Garibaldi-Viertel wurde vor Kurzem vollständig renoviert und ist seitdem teilweise für den Autoverkehr gesperrt. In diesem Teil Mailands liegt auch der berühmte Corso Como mit seinen teuren Boutiquen, Designerläden und beliebten Clubs, wo der (inter)nationale Jetset das Nachtleben Mailands genießt.

6 Insider-Tipps

Pinacoteca di Brera

Die Gemälde Caravaggios bestaunen.

N'ombra de vin

Ein Glas guten Weines genießen.

Da Claudio

Sushi essen und Spumante trinken.

Cavalli e Nastri

Accessoires aus den 1930er-Jahren kaufen.

Radetzky

Sich unter die Yuppies von Brera mischen.

High Tech

Sich mit ausgefallenen Dingen eindecken.

- **Sehenswürdigkeiten**
- **Shoppen**
- **Essen & Trinken**
- **100% there**

Sehenswürdigkeiten

(10) Die **Pinacoteca di Brera** ist eines der bedeutendsten Kunstmuseen der Welt. Das Gebäude an sich ist schon einen Besuch wert. In diesem prall mit Kunst gefüllten Jesuitenpalast aus dem 17. Jahrhundert hängen Gemälde großer italienischer Maler ab dem 14. Jahrhundert, zum Beispiel von Rafael, Bellini und Caravaggio, aber auch Bilder von Rubens und Rembrandt. Im Innenhof locken prachtvolle Statuen.
via brera 28, www.brera.beniculturali.it, telefon: 02 722631, geöffnet: di-so 8.30-19.15 (kasse schließt um 18.30), eintritt: 10 €, u-bahn: 2 lanza

(12) Im Palazzo Moriggia, einem Haus aus dem 18. Jahrhundert, ist das **Museo del Risorgimento** in 15 Räumen untergebracht. Diese sind chronologisch angeordnet, sodass man die Geschichte Italiens ab dem Italienfeldzug Napoleons 1796 bis zur Einverleibung Roms durch das Königreich 1870 erleben kann. Neben Kunstgegenständen, Skulpturen und Waffen ist auch der Mantel Napoleons ausgestellt, den er bei seiner Krönung zum König Italiens trug.
via borgonuovo 23, www.museodelrisorgimento.mi.it, telefon: 02 88464180, geöffnet: di-so 9.30-13.00 & 14.00-17.30, eintritt: 2 €, u-bahn: 2 lanza, 3 montenapoleone

(13) Der steinerne Eingangsbogen der Kirche **San Marco** stammt aus dem Jahr 1254, das übrige Gebäude von 1871. Dieses Gotteshaus ist vor allem wegen des Wandgemäldes *Madonna mit Kind* bekannt, das von einem Künstler aus der Schule Leonardo da Vincis stammt.
piazza san marco 2, telefon: 02 29002598, geöffnet: täglich 7.30-12.00 & 16.00-19.30, eintritt: frei, u-bahn: 2 lanza

(18) Eine der ältesten Kirchen ganz Mailands ist die 398 erbaute Basilica **San Simpliciano**. Allerdings ist vom einstigen Bau nur das äußere Mauerwerk erhalten geblieben. Die Kirche ist für ihre vielen Fresken aus dem 14., 15. und 16. Jahrhundert sowie die Glasmalereien berühmt. Diese zeigen die drei Heiligen, die der Legende nach von den Toten auferstanden sind, um sich Barbarossa zu widersetzen. In Tauben verwandelt, versuchten sie, mit ihren Flügelschlägen den Feind zu verwirren.
piazza san simpliciano 7, www.sansimpliciano.it, telefon: 02 862274, geöffnet: täglich 9.30-11.30 & 15.00-18.00 (so bis 19.00), eintritt: frei, u-bahn: 2 lanza

㉒ Das **Acquario Civico di Milano** am Rand des Parco Sempione wurde für die Weltausstellung 1906 errichtet. Somit ist dieses Aquarium das zweitälteste Europas. Die Fassade des prachtvollen Jugendstilgebäudes wurde zwischen 2003 und 2006 renoviert und erstrahlt seitdem in altem Glanz. Auch im Innenbereich wurde einiges modernisiert. Groß ist das Aquarium nicht, aber ein Besuch lohnt sich dennoch. Es gibt vieles zu bestaunen und auch die Aussicht von der Terrasse über den Park ist toll. Übrigens: Der Zugang ist kostenlos.
viale gadio 2, www.acquariocivicomilano.eu, telefon: 02 88465750, geöffnet: di-so 9.00-13.00 & 14.00-17.30, eintritt: frei, u-bahn: 2 lanza

㉗ **Santa Maria Incoronata** sieht auf den ersten Blick wie eine ganz normale Kirche aus, ist aber eine sogenannte Doppelkirche. Die linke Seite wurde 1200 errichtet, die rechte 1460 im Auftrag von Bianca Maria Visconti erbaut. Ziel war es, sie zu einer einzigen großen Kirche zusammenzufügen. Bei Restaurierungsarbeiten wurde hier vor Kurzem eine antike philologische Bibliothek entdeckt, die einzige mit Fresken geschmückte Bibliothek Italiens.
corso garibaldi 116, telefon: 02 654855, geöffnet: mo-fr 7.00-19.00, sa-so 7.00-9.30 & 17.00-19.00, eintritt: frei, u-bahn: 2 moscova

㉛ Das 1826 wieder neu errichtete Stadttor **Porta Garibaldi** steht am Anfang des Corso Garibaldi. Auf dem Tor sind vier gigantische Figuren abgebildet, die die vier Hauptflüsse der Lombardei symbolisieren: Po, Ticino, Adda und Olona.
piazza xxv aprile, u-bahn: 2 moscova, garibaldi

PINACOTECA DI BRERA ⑩

Essen & Trinken

(1) Wer den Geschmack von frischem Mozzarella liebt, sollte **Obika** besuchen. Hier kann man allerlei Sorten *mozzarella di bufala* (Büffelmozzarella) probieren. Das Lokal hat auch als Bar einen guten Ruf, denn zum Drink werden diverse Appetithäppchen mit Mozzarella serviert. Samstags und sonntags kann man herrlich und ausgiebig brunchen.
via mercato 28, www.obika.it, telefon: 02 86450568, geöffnet: mo-do 12.00-0.00, fr-so 12.00-2.00, preis: 8 €, u-bahn: 2 lanza

(5) Noch immer nicht genug vom Shoppen, aber höchste Zeit für eine Pause? Dann hat **Marc Jacobs** die Lösung. In seinem Laden befindet sich nämlich ein Café. Hier kann man sich mit köstlichem Gebäck zum Frühstück, einem leichten Mittagessen oder einem Aperitif stärken, bevor man den Einkaufsbummel fortsetzt.
piazza del carmine 6, telefon: 02 878059, geöffnet: täglich 7.30-1.00, preis: frühstück 11 €, mittagessen 14 €, cocktail 10 €, u-bahn: 1 cairoli, 2 lanza

(6) Lust auf frischen Fisch? Dann ab ins **Da Claudio**, ein Geschäft, das delikate Exemplare verkauft. Außerdem gibt es hier alles, was man zur Zubereitung von Fisch benötigt. An der Bar kann man stehend Sushi essen und ein Glas Spumante trinken.
via cusani 1, www.pescheriadaclaudio.it, telefon: 02 8056857, geöffnet: mo 11.00-15.30 & 16.30-22.00, di-fr 9.30-15.30 & 16.30-22.00, sa 9.30-22.00, restaurant mo-sa 12.00-15.00 & 19.00-23.00, preis: sushi 15 €, hauptspeise 25 €, u-bahn: 1 cairoli, 2 lanza

(14) Weinliebhaber sollten **N'ombra de Vin** nicht verpassen. Von außen wirkt diese Vinothek, in der man auch gut essen kann, ziemlich klein. Dass der erste Eindruck täuscht, merkt man schnell, wenn man die Treppe hinuntersteigt. Über 2000 Flaschen Wein bilden die Kulisse für ein ganz besonderes Gaumenerlebnis. Unbedingt probieren: *salumi* und die verschiedenen Käseplatten.
via san marco 2, www.nombradevin.it, telefon: 02 6599650, geöffnet: mo-sa 9.00-2.00, preis: glas wein 10 €, u-bahn: 2 lanza

DA CLAUDIO ⑥

⑭ **N'OMBRA DE VIN**

⑮ Vis-à-vis der Kirche San Marco und etwas versteckt in einer kleinen Passage liegt das **Fashion Café**. Hier verbringen viele Geschäftsleute ihre Mittagspause. Die großzügige Aufteilung, die Sitzbank vor dem Kamin und die Tische aus Wenge-Holz mit hellgrauen Stühlen und Sitzkissen vermitteln eine schicke, aber wohnliche Atmosphäre. Ideal für einen Kaffee, Mittagessen oder Aperitif.
via san marco 1, www.fashioncafe.it, telefon: 02 6572021, geöffnet: täglich 8.30-2.00, preis: mittagessen 8,50 €, cocktail 10 €, u-bahn: 2 lanza

(23) Aus der alten Weinhandlung **Moscatelli** entstand in den 1990ern ein gemütliches Café-Restaurant, in dem sich Stammgäste zum Kartenspielen und Kaffeetrinken treffen. Man kann hier auch hervorragend essen oder ein Gläschen trinken, denn gute Weine gibt es nach wie vor.
corso garibaldi 93, telefon: 02 6554602, geöffnet: mo-sa 7.00-2.00, so 9.00-22.30, preis: tagesmenü oder warmes buffet 7 €, u-bahn: 2 moscova

(25) Wer sich unter die Yuppies von Brera mischen möchte, sollte ins **Radetzky** gehen. Zum Aperitif werden frische, hausgemachte Chips sowie Oliven und Focaccia gereicht. Tagsüber kann man auch ein Sandwich genießen und an Wochenenden sogar einen Brunch.
corso garibaldi 105, www.radetzkycafe.com, telefon: 02 6572645, geöffnet: täglich 8.00-1.30, preis: brunch 25 €, u-bahn: 2 moscova

(33) Das **Princi** ist bekannt für seine warmen und kalten Sandwiches, Pizzen, Focaccias und Gebäckstücke. Wer Appetit, aber wenig Zeit hat, ist hier genau richtig. Nachts stehen Besucher der benachbarten Clubs Schlange für einen Cappuccino, um wieder munter zu werden.
piazza xxv aprile 5, telefon: 02 29060832, geöffnet: täglich, preis: 6,50 € für etwas herzhaftes + tasse kaffee , u-bahn: 2 moscova, garibaldi

(34) Richtig gute Pizzen mit knusprigem Boden gibt es bei **La Fabbrica Pizzeria**. In diesem traditionellen, mit viel Holz schön eingerichteten Lokal sollte man unbedingt die Pizza mit Mozzarella und eingelegten Tomaten kosten. Die Nudelgerichte wie *tartufo* (mit Trüffeln) oder *culatello* (mit Parmaschinken, Tomaten und Mozzarella), die hier als Vorspeise serviert werden, sind ebenfalls köstlich. La Fabricca hat auch eine gute Auswahl italienischer Weine.
via pasubio 2, www.lafabbricapizzeria.it, telefon: 02 6552771, geöffnet: mo-sa 12.00-15.00 & 19.00-1.00, so 19.30-1.00, preis: 8 €, u-bahn: 2 moscova

Shoppen

② **Il Cirmolo** ist der größte Antiquitätenladen von Brera und bekannt für seine Holzmöbel. Dieses Geschäft ist geräumig genug, sodass man wunderbar herumstöbern kann, ohne Angst haben zu müssen, gleich etwas Kostbares umzustoßen. Nettes Mitbringsel: Tortenförmchen aus Kupfer in verschiedenen Größen. Leider sind die alten Bücher in den Regalen nicht verkäuflich.
via fiori chiari 3, www.ilcirmoloantiquariato.it, telefon: 02 8052885, geöffnet: di-sa 10.00-19.00, u-bahn: 2 lanza

③ Coole italienische Stiefel bekommen Sie bei **ASH**. Hier finden Sie eine große Auswahl an Schuhen und Stiefeln, die in puncto Design einmalig sind. Italiener lieben diese Marke. Achten Sie unterwegs mal darauf, wie viele Mailänder solche Prachtstücke an den Füßen tragen.
via madonnina 2, www.ashitalia.com, telefon: 02 272094198, geöffnet: mo 15.00-19.00, di-sa 10.30-19.30, u-bahn: 1 cairoli

⑦ Wie der Name schon sagt, hat **Antichi Vizi** auch "alte Schwächen" im Angebot. So findet man hier zum Beispiel alte Pfeifen aus Holz oder Elfenbein, Zubehör für die Jagd – inklusive Bärenfell – und schwere Möbelstücke wie Standuhren und Polstersessel.
via dell'orso 12, www.antichivizi.com, telefon: 02 8056474, geöffnet: mo-sa 10.30-13.00 & 15.00-18.30, u-bahn: 1 cairoli, 2 lanza

⑧ Der Retro-Laden **Cavalli e Nastri** verkauft Mode und Accessoires aus den Dreißigern bis heute. Der Laden ist bei den Mailändern sehr beliebt, da hier auch immer wieder alte und neue Entwürfe bekannter Designer wie Dior und Chanel hängen. Wer original Retrokleidung oder -schmuck sucht, ist hier richtig.
via brera 2, www.cavallienastri.com, telefon: 02 72000449, geöffnet: mo 15.30-19.30, di-sa 10.30-19.30, so 12.00-19.30, u-bahn: 1 cairoli, 2 lanza

⑨ Parfümerien, die die üblichen Marken im Sortiment haben, gibt es in Mailand zuhauf. Bei **Profumo**, 1984 von Inhaberin Nicoletta gegründet, bekommt man nur exklusive Parfüms von handverlesenen Produzenten. Man muss zwar tief in die Tasche greifen, dafür umhüllt einen ein einmaliger Duft.
via brera 6, www.profumomilano.com, telefon: 02 72023334, geöffnet: mo-sa 10.00-19.00, u-bahn: 1 cairoli, 2 lanza

ASH ③

⑧ **CAVALLI E NASTRI**

⑯ Bereits 1967 begann **Meru**, Schmuck aus Leder und Baumwolle herzustellen – für Menschen mit kleinem Geldbeutel. Heute stöbern auch gut betuchte Mailänder Yuppies in den exklusiven Schmuckstücken.
via solferino 3, www.merugioielli.it, telefon: 02 86460700, geöffnet: mo 15.30-19.00, di-sa 10.00-13.30 & 15.30-19.00, u-bahn: 2 lanza, moscova

(17) Dieser geräumige Laden für Damen- und Herrenmode verdankt seinen Namen der Devise "Wir liberalisieren den Luxus". **Libero** Milano verkauft lässige Freizeitmode, hat aber auch schicke Anzüge mit dazu passenden Krawatten sowie Kleider und Taschen im Sortiment – alles zu einem wirklich anständigen Preis.
via solferino 11, www.liberomilanonegozi.it, telefon: 02 72004200, geöffnet: mo 15.30-19.00, di-fr 10.30-14.30 & 15.30-19.00, sa 10.00-13.00 & 15.30-19.00, u-bahn: 2 lanza, moscova

(19) Schon an der Autobahn sind die Werbetafeln von **Urushi** zu sehen. Das gehobene Einrichtungshaus hat in Italien nur zwei Filialen, eine in Rom, die andere in Mailand. Hier findet man vor allem das Lieblingsinterieur vieler Mailänder: asiatische Möbel.
corso garibaldi 65, www.urushi.it, telefon: 02 86915587, geöffnet: mo 15.30-19.30, di-sa 10.00-13.30 & 15.00-19.30, u-bahn: 2 moscova, garibaldi

(20) **Five to Nine** ist ein Geschäft mit lauter Schlafanzügen. Baumwollpyjamas für die ganze Familie gibt es in allen Ausführungen, Farben und Größen.
corso garibaldi 42, www.fivetonine.it, telefon: 02 801273, geöffnet: mo 15.00-19.00, di-sa 10.00-13.30 & 15.00-19.00, u-bahn: 2 moscova

(21) Der süße kleine Shop **Tra le Pagine** begann einst als Papeterie und Laden für Geschenkzubehör. Heute gibt es auch Pralinen und Bonbons aus eigener Herstellung, zum Beispiel mit Chili und Pinienkernen. Am besten lässt man sie in einem der vielen schönen Geschenkkartons verpacken. Keine Lust auf Schokolade? Dann lassen Sie sich vielleicht von den handgefertigten Gegenständen aus Karton wie Fotoalben und Heften verführen, die elegant auf den Tischen präsentiert werden.
via palermo 11, www.tralepagine.it, telefon: 02 861113, geöffnet: mo 15.30-19.00, di-fr 10.30-19.30, sa 11.00-19.00, u-bahn: 2 moscova

(24) **Custo** ist der Laden für farbenfrohe Damenkleidung mit originellen und bunten Aufdrucken. Die farbenprächtigen Entwürfe stehen hoch im Kurs bei den Mailänderinnen. Vor allem in Brera sieht man regelmäßig Frauen mit Kleidung des spanischen Modedesigners.
largo la foppa 4, www.custo-barcelona.com, telefon: 02 62910203, geöffnet: mo-sa 10.30-19.30, so 11.30-19.30, u-bahn: 2 moscova, garibaldi

(26) **Buttero** hat sündhaft teure, handgefertigte Damen- und Herrenschuhe aus toskanischer Produktion. Unverkennbar, dass Designer Mauro Sani sich dabei vom Westernstil inspirieren ließ. Neben klassischen Schuhen und Stiefeln findet man auch Reitstiefel und passende Taschen und Gürtel.
corso garibaldi 113, www.buttero.it, telefon: 02 62086657, geöffnet: mo 15.30-19.30, di-sa 10.30-14.30 & 15.30-19.30, u-bahn: 2 moscova

(29) In Mailand ist die **Enoteca Cotti** schon seit 1952 eine Institution. In den fünf Jugenstilsälen sowie dem 500 m² großen Keller werden nicht weniger als 1000 verschiedene Weine von italienischen Topwinzern angeboten. Hier findet man klangvolle Namen wie Barolo, Sassicaia und Amarone. Fünf-Euro-Weine sucht man allerdings vergeblich. Neben Wein hat Cotti auch Grappa und Whisky, exquisites Olivenöl Extra Vergine sowie Essig im Angebot.
via solferino 42, www.enotecacotti.it, telefon: 02 29001096, geöffnet: di-sa 9.00-13.00 & 15.00-20.00, u-bahn: 2 moscova

(30) **High Tech** ist nicht besonders übersichtlich, hat aber so viel zu bieten, dass es sich lohnt, die Räume genau zu durchforsten. Dieser klein wirkende Laden ist in Wirklichkeit riesig und vollgefüllt mit (teuren) Designersachen und Haushaltswaren – von Alessi-Produkten bis hin zu kunterbunten Bettbezügen.
piazza xxv aprile 12, www.cargomilano.it, telefon: 02 6241101, geöffnet: di-so 10.30-19.30, u-bahn: 2 garibaldi

(32) Um in den schicken Laden von **Corso Como 10** zu gelangen, muss man erst ein Café durchqueren. Dann können Sie Kleidung, Schuhe, Parfüm, Haushaltsartikel und Schmuck erstehen, im ersten Stock befindet sich zudem eine erlesene Buchhandlung. Lassen Sie sich nicht von den Preisen abschrecken – man muss ja nichts kaufen, nur schauen ist auch erlaubt.
corso como 10, www.10corsocomo.com, telefon: 02 29002674, geöffnet: mo-so 10.30-19.30, mi & do bis 21.00, u-bahn: 2 garibaldi

CORSO COMO 10 ㉜

100% there

④ Brera ist bekannt für seine **Wahrsager**, die vor allem am Samstag und am Sonntag auf Kunden warten, die sich gegen ein kleines Entgelt durch Handlesen oder Kartenlegen die Zukunft voraussagen lassen. Wer zögert, kann erst einmal abwarten, wie andere auf die Wahrsager reagieren. Die meisten Wahrsager in Brera sprechen auch Englisch.
zone brera, vor allem in der via fiori chiari-piazza del carmine, geöffnet: sa & so, preis: ca. 7 €, u-bahn: 1 cairoli, 2 lanza

⑪ In der 1776 von Maria Theresia von Österreich gegründeten **Accademia di belle Arti** laden hohe Laubengänge zum Spazierengehen ein. Werfen Sie auch einen Blick in die alte Bibliothek. In diesem Haus aus dem 16. Jahrhundert befindet sich die Pinacoteca und nebenan der 1777 angelegte botanische Garten von Brera, wo es sich zwischen Stauden, Kräutern und jahrhundertealten Bäumen prima lustwandeln lässt.
via brera 28, telefon: 02 50314696, geöffnet: mo-fr 8.30-18.00, botanischer garten 9.00-12.00, u-bahn: 2 lanza

㉘ Montagabends zeigt das **Cinema Anteo** Filme in Originalfassung. An den anderen Tagen stehen Klassiker in italienischer Sprache auf dem Programm. Schnuppern Sie vor oder nach dem Film noch ein wenig im kinoeigenen Shop herum. Hier gibt es Filmbücher, Plakate, Filmmusik, Videos und T-Shirts.
via milazzo 9, www.spaziocinema.info, telefon: 02 6597732, filmvorführungen täglich 11.00, 15.10, 17.40, 20.10 & 22.30, laden täglich 10.00-13.00 & 14.00-22.00, u-bahn: 2 moscova

ACCADEMIA DI BELLE ARTI DI BRERA (11)

Brera & Garibaldi

SPAZIERGANG 2 (ca. 6 km)

Dieser Spaziergang beginnt an der U-Bahn-Station Lanza. Nach der Via Tivoli gibt es rechts köstlichen Mozzarella (1). Danach geht es weiter in die Via Fiori Chiari, dem Eldorado für Antiquitätenliebhaber (2). Wir befinden uns im alten Künstlerviertel Brera. 20 Meter zurückgehen und links in die Via Madonnina einbiegen Richtung Piazza del Carmine (3) (4) (5). Danach weiter in die Via Ponte Vetero. Fischliebhaber biegen kurz rechts in die Via Cusani ein (6). Dann den Weg links in der Via dell'Orso fortsetzen, um die kitschige alte Pfeifensammlung von Antichi Vizi (7) zu bestaunen. Am Ende der Straße links in die Via Brera einbiegen, wo einige Boutiquen (8) (9) zum Shoppen einladen. Wer etwas Kultur braucht, kann jetzt das wunderschöne Kunstmuseum (10) oder die Accademia di Belle Arti di Brera und den botanischen Garten (11) besuchen. Noch mehr Kultur? Biegen Sie dann rechts in die Via Fiori Oscuri ein und folgen Sie der Straße bis zur Via Borgonuovo (12). Danach geht es weiter in die Via Brera. Am Ende der Straße sieht man rechts die große Kirche San Marco (13). Besuchen Sie die Vinothek (14) und kehren Sie über die Galerie (15) zur Via Solferino (16) zurück. Kurz bei Libero (17) vorbeischauen, umkehren und rechts in die Via dei Cavalieri del Santo Sepolco einbiegen. Nach der Kirche San Simpliciano (18) wieder rechts in den Corso Garibaldi spazieren (19) (20). Einen kurzen Abstecher nach rechts in die Via Palermo machen, um Schokolade zu kaufen (21), oder zwei Mal links gehen, um das prachtvolle Acquario Civico di Milano (22) zu besuchen. Danach zurückgehen, dem Corso Garibaldi folgen (23) und die Via della Moscova überqueren. Lust auf Shoppen? Dann bietet sich jetzt Custo (24) an. Im Radetzky (25) können Sie sich unter die Yuppies mischen. Nach einem Besuch bei Buttero (26) biegen Sie rechts in die Via Marsala ein (27). Machen Sie einen Abstecher in die Gasse links, um einen italienischen Film anzusehen (28). Ansonsten den Spaziergang fortsetzen (29). Die kleine Brücke der Via San Marco unterqueren und dann links der Via Monte Grappa in Richtung der großen Piazza XXV Aprile folgen (30) (31). Am Corso Como finden Sie einige exklusive Boutiquen; verpassen Sie Hausnummer 10 nicht (32). Besuchen Sie Princi (33) und beenden Sie den Spaziergang in der Via Pasubio mit einer Pizza (34).

3

Bis spätabends ist hier eine Menge los, denn nach Ladenschluss trifft man sich auf einen Drink, zum Musikhören oder Eisessen. Werfen Sie unbedingt einen Blick in die grünen Innenhöfe, die ein bisschen an das Mittelalter erinnern.

Die kleine Eisenbahnbrücke bei der Porta Genova verbindet Naviglio mit dem einstigen Arbeiterviertel Solari, einem Stadtteil voller Industriebauten und Lagerhäuser. Vielerorts kein schöner Anblick, stellenweise sogar schäbig. Die Via Tortona und ihre Umgebung jedoch wurden in den Achtzigern völlig saniert und die leer stehenden Fabriken in Schulen, Werkstätten, Ausstellungsräume, Büros und Wohnhäuser umgewandelt. Seitdem steigen die Wohnungspreise natürlich rasant an, denn die vielen Lofts sind bei den betuchten Mailändern sehr beliebt. Fotomodellen begegnet man in Solari öfter als anderswo in der Stadt, und einige Designer haben inzwischen ihren Hauptsitz hierher verlegt. Kein Wunder also, dass auch immer mehr Shops und Cafés in Solari eröffnen. Natürlich darf auch das aufregendste Designhotel Mailands hier nicht fehlen.

6 Insider-Tipps

Vicolo dei Lavandai

Das Mailand früherer Tage entdecken.

Asso di Fiori

Italienischen Käse probieren.

Fullspot

Eine eigene Tasche entwerfen.

Al Pont de Ferr

In einer Osteria die lombardische Küche genießen.

Ecliss

Etwas Schönes für den Garten kaufen.

Morna

In Solari Musik lauschen und Boccia spielen.

- **Sehenswürdigkeiten**
- **Shoppen**
- **Essen & Trinken**
- **100% there**

Sehenswürdigkeiten

④ Im alten Kloster Sant'Eustorgio befindet sich seit 2001 das **Museo Diocesano**. Allein das Klostergebäude, das direkt neben der Kirche gleichen Namens liegt, ist einen Besuch wert. Im Museum kann man mehr als 600 Werke aus dem 15. bis 19. Jahrhundert bewundern, die zu einem Großteil von Mailänder Kardinälen gestiftet wurden. Zudem finden hier Sonderausstellungen statt.
corso di porta ticinese 95, www.museodiocesano.it, telefon: 02 89420019, geöffnet: di-so 10.00-18.00, eintritt: 8 €, straßenbahn: 3 ticinese-s.eustorgio

⑤ Die im 4. Jahrhundert im Auftrag des gleichnamigen Bischofs erbaute Basilica **Sant'Eustorgio** wurde 1190 von Barbarossas Truppen zerstört und danach vollständig wiederaufgebaut. Die Kirche besitzt den größten Glockenturm der Stadt, der 1306 als erster ganz Italiens mit einem echten Uhrwerk ausgestattet wurde.
piazza sant'eustorgio 1, www.santeustorgio.it, telefon: 02 86623321, geöffnet: täglich 7.30-12.00 & 15.30-18.30, eintritt: 5 €, u-bahn: 2 porta genova, straßenbahn: 3 ticinese-s.eustorgio

⑦ Die **Porta Genova** ist ein Stadttor aus dem 19. Jahrhundert, dessen Ursprünge jedoch viel weiter zurückgehen. Durch die Lage unweit der Kanäle in Naviglio war es eines der strategisch wichtigsten Tore der Stadt. Jeder neu gewählte Bischof Mailands durchschreitet – auch heute noch – bei seinem Antrittsbesuch dieses Tor. Die Porta Genova und die Porta Nuova sind die einzigen ursprünglich mittelalterlichen Stadttore Mailands.
piazzale XXIV maggio, u-bahn: 2 porta genova, straßenbahn: 3 s.gottardo-XXIV maggio, 9 XXIV maggio

⑱ Im 15. Jahrhundert wurde der enge **Vicolo dei Lavandai** als Waschplatz genutzt. Hier wuschen die Frauen ihre Wäsche in einem schmalen Gewässer, das in den Naviglio Grande mündete. Die alten Holzhütten, in denen sie die saubere Wäsche zum Trocknen aufhängten, gibt es noch immer. Heute sind die charmanten Häuschen von Künstlern bewohnt, die regelmäßig Ausstellungen organisieren.
vicolo dei lavandai, u-bahn: 2 porta genova, straßenbahn: 2 valenza-alzaia nav. grande

Essen & Trinken

(2) Die **Trattoria Toscana** gehört zu den wenigen Restaurants, in denen man ganzjährig im Freien essen kann, denn der Innenhof wird im Winter überdacht. Lassen Sie sich von der leeren Gaststube nicht beirren. Gehen Sie einfach hindurch zum schönen Garten, in dessen Mitte ein über 100 Jahre alter Baum steht. Eine tolle *aperitivo*-Adresse, das Essen (toskanisch) ist jedoch teuer.
corso di porta ticinese 58, www.trattoriatoscana.net, telefon: 02 89406292, geöffnet: mo-so 12.00-15.00 & 18.00-0.00, preis: cocktail 7 €, abendessen 22 €, u-bahn: 2 sant'ambrogio, straßenbahn: 3 ticinese-molino delle armi

(6) Wie der Name verrät, gibt es bei **Panino Giusto** außer einer gemütlichen Atmosphäre eine große Panini-Auswahl. Neben den Klassikern wie *panino mozzarella* werden beispielsweise Panini mit Ziegenkäse und Artischockensoße angeboten. Auch das Eis ist lecker.
piazza xxiv maggio 4, www.paninogiusto.it, telefon: 02 58103461, geöffnet: täglich 12.00-1.00, preis: panino 8.50 €, u-bahn: 2 porta genova, straßenbahn: 3 ticinese-xxiv maggio

(8) Köstliches Eis aus eigener Herstellung gibt es bei **Rinomata Gelateria**. Dieses in den Fünfzigern eröffnete Eiscafé ist bekannt für sein Maroneneis (das nach kandierten Maronen schmeckt). Abends stehen die Mailänder Schlange für ein Eis oder eine warme Crêpe mit Nutella.
ripa di porta ticinese (ecke via gorizia), telefon: 02 58113877, geöffnet: täglich 13.00-1.00 (im winter mo geschlossen), preis: eis 2 €, crêpe 2,50 €, u-bahn: 2 porta genova, straßenbahn: 9, 29, 30 piazza xxiv maggio, 3 ticinese-xxiv maggio

(11) **Mag Cafè** erinnert an ein Pariser Bistro. Nicht verwunderlich, denn einer der Inhaber kommt aus Frankreich. Der kleine Raum ist romantisch beleuchtet und mit dunklem Holz eingerichtet – sehr stimmungsvoll. Mag Café hat eine gut sortierte Cocktail- und Weinauswahl, die engagierten Barkeeper beraten Gäste gern. Abends wird zu den Getränken eine Wurst- oder Käseplatte gereicht, tagsüber kann man wunderbar frühstücken oder essen. Besonderheit: Die Wände sind mit Werken Mailänder Künstler und Fotografen bestückt.
ripa di porta ticinese 43, telefon: 340 0984023, geöffnet: täglich 8.00-2.00, preis: glas wein 4 €, straßenbahn: 2 valenza-alzaia nav. grande

RINOMATA GELATERIA ⑧

(30) **MOYÉ**

(12) Herrlich am Kanal sitzen kann man bei **Al Pont de Ferr**. In dieser kleinen Osteria mit den eng aneinander stehenden Holztischen und einem Michelin-Stern gibt es regionale Gerichte, die sich nach dem gerade erhältlichen Saisongemüse richten, weshalb sich die Speisekarte regelmäßig ändert. Doch der fantastischen Käseplatte (mit *burrata*, dem köstlichen Kuhmilchmozzarella) und der Aufschnittplatte bleibt man das ganze Jahr über treu.
ripa di porta ticinese 55, www.pontdeferr.it, telefon: 02 89406277, geöffnet: täglich 12.30-14.30 & 20.00-2.00, preis: 18 €, straßenbahn: 3 vigevano-corsico

(15) Italien ist ein Käseland. Wer Gerichte mit italienischen Käsesorten mag, ist bei **Asso di Fiori**, *l'osteria dei formaggi*, gut aufgehoben. Lust auf Nudeln mit herzhaftem Käse und Lakritz oder auf ein Eis mit Parmesangeschmack? Oder lieber alles ausprobieren? Dann bietet sich das *menu di degustazione* an. Auf der gut sortierten Weinkarte gibt es die passenden italienischen Weine zum Essen.
alzaia naviglio grande 54, www.assodifiori.com, telefon: 02 89409415, geöffnet: mo-sa & letzter so im monat 19.30-23.30, feiertage geschlossen, preis: 17 €, u-bahn: 2 porta genova

(17) Da man bei **Anema e Cozze** nach 20 Uhr keinen Tisch mehr reservieren kann, stehen die Leute hier oft bis auf die Straße. Neben ausgezeichneten neapolitanischen Pizzen (mit dickem Boden) stehen Muscheln (*cozze*), (roher) Fisch und andere Schalentiere im Mittelpunkt. Wer sich nicht anstellen will, kann mittags etwas essen, dann ist weniger Betrieb.
via casale 7, www.anemaecozze.com, telefon: 02 8375459, geöffnet: 12.00-0.00, preis: mittagsmenü 10,50 €, hauptspeise abends 14 €, pizza 8 €, straßenbahn: 3 vigevano-corsico

(19) Wo heute das **El Brellin** untergebracht ist, befand sich einst eine Drogerie, in der die Waschfrauen ihre Seife kauften. Die Einrichtung und die Kamine vermitteln noch immer die Atmosphäre jener Tage. Im Restaurant können Sie ein leckeres Essen genießen, in der Bar an köstlichen Cocktails nippen und endlos Appetithäppchen kosten, die auf dem langen Holztresen stehen. Im Sommer sind die Gartentüren geöffnet und man hat freie Sicht auf die alte Waschgasse.
alzaia naviglio grande 14, www.brellin.com, telefon: 02 58101351, geöffnet: mo-sa 12.30-15.30 & 19.00-1.00, preis: cocktail 9 €, u-bahn: 2 porta genova, straßenbahn: 3 piazza XXIV maggio

(23) Bei einem Steakhouse stellt man sich oft ein dunkles Restaurant vor. Das **Seven** ist genau das Gegenteil: Es ist hell eingerichtet, und an den Wänden befinden sich neben einer großen Weinsammlung auch Bilder, die man kaufen kann. Die Bedienung hilft gern beim Auswählen eines Steaks und des passenden Weins.
corso colombo 11, telefon: 02 58101669, geöffnet: mo-sa 19.00-2.00, preis: 15 €, u-bahn: 2 porta genova

(27) Das **Dada Cafè** liegt etwas versteckt hinter den alten Lager- und Bürohäusern von Superstudio Più, wo regelmäßig internationale Fotoreportagen produziert und Modenschauen sowie Kunst- und Designmessen abgehalten werden. Im Dada Café treffen sich die Kreativen, Models und Designer, um bei einer Tasse Kaffee oder einem Mittagessen mit frisch zubereiteten italienischen Gerichten den Tag Revue passieren zu lassen.
via tortona 27, telefon: 02 43145093, geöffnet: mo-fr 9.00-18.00, preis: 10 €, u-bahn: 1 porta genova

(29) Die **Pizzeria La Tradizionale** befindet sich in einer alten Fabrikhalle, die sich hinter einem Garten und einer Bar versteckt. In dem gemütlich eingerichteten, offenen Raum vergisst man leicht, dass man mitten in einer Großstadt ist. Da das Gelände fernab aller Touristenattraktionen liegt, trifft man fast nur Einheimische, die wegen der hervorragenden Pizza und des frittierten Fischs (*fritto misto di pesce*) kommen.
via bergognone 16, www.latradizionale.com, telefon: 02 42292026, geöffnet: so-fr 12.30-14.30 & 19.30-0.00, sa 19.30-0.00, preis: 8 €, straßenbahn: 14 rosario

(30) Vielleicht nicht zwangsläufig logisch, dass man in Mailand traditionelle Gerichte, Oliven und Wein aus der weit im Süden gelegenen Region Apulien bekommt, bei **Moyé** ist das aber der Fall. Neben Mittag- und Abendessen bietet das Lokal auch einen *aperitivo* an. Besonders empfehlenswert: Nudeln mit Fisch und Wildfenchel.
via montevideo 4, www.moye.it, telefon: 02 87250332, geöffnet: mo-sa 8.00-0.00, so 10.00-0.00, preis: aperitvo 8 €, hauptspeise 10 €, u-bahn: 2 san'agostino, straßenbahn: 14 solari-montevideo

(32) Wie der Name vermuten lässt, kommen bei **La Baita del Formaggio** Käseliebhaber voll auf ihre Kosten. Das Sortiment besteht aus mehr als 200 verschiedenen Käsesorten, die Sie, wenn Sie wollen, auch direkt vor Ort an der Bar oder auf der überdachten Terrasse mit einem Glas Wein probieren können. Übrigens stammen einige Sorten aus eigener Herstellung.
via california 22, www.labaitadelformaggio.it, telefon: 02 4817892, geöffnet: täglich 8.30-22.00, preis: aperitivo 6 €, u-bahn: 2 sant'agostino

LA BAITA DEL FORMAGGIO ㉜

Shoppen

① Wer etwas Besonderes an den Füßen tragen will, sollte bei **Camper** vorbeischauen. Wie wär's mit einem Paar, bei dem der rechte Schuh einen roten Punkt hat und der linke ein grünes Karo?
corso di porta ticinese 59, www.camper.com, telefon: 02 58103844, geöffnet: mo 15.00-19.30, di-do 10.30-14.00 & 15.00-19.30, fr-sa 10.30-19.30, u-bahn: 2 sant'ambrogio, straßenbahn: 3 ticinese-molino delle armi

⑩ Im rappelvollen **Bazar del Naviglio Grande** lässt es sich wunderbar herumstöbern. In diesem Laden gibt es antikes Spielzeug und traditionelle Spiele für Jung und Alt. Ein Flipper aus Holz aus dem frühen 19. Jahrhundert sticht sofort ins Auge. Der Laden ist etwas chaotisch, hat aber ein riesiges Sortiment an Originalspielzeug von anno dazumal.
ripa di porta ticinese 27, telefon: 02 89404167, geöffnet: mo 15.00-19.30, di-sa 9.30-12.00 & 15.00-19.30, u-bahn: 2 porta genova, straßenbahn: 3 s.gottardo-XXIV maggio

⑬ **Ecliss** bietet Ausgefallenes für den Garten, aber auch für die Weihnachtszeit: farbenfroh, schlicht oder klassisch. Zwischen Februar und Oktober ist in dem riesigen Raum alles thematisch sortiert (Strand, Schatten, Sonne etc.). Ab Oktober wird das Loft in ein "Christmas Village" verwandelt – voller origineller Weihnachtsdeko mit Themen wie "Schokolade", "Safari" und "Comics".
ripa di porta ticinese 73, www.ecliss.it, telefon: 02 58106280, geöffnet: mo 15.00-20.00, di-so 10.00-20.00, straßenbahn: 2 valenza-alzaia nav.grande, u-bahn: 2 porta genova

⑯ Wer gute, bezahlbare Weine sucht, sollte bei **La Vineria** vorbeischauen. Hier gibt es toskanische Weine und Olivenöl zu Einkaufspreisen. Flaschen mit schönen Etiketten sucht man allerdings vergebens; die meisten Kunden bringen ihre eigenen Flaschen zum Befüllen mit. Der Qualität tut dies keinen Abbruch, und darum geht es ja schließlich. Wer sich nicht entscheiden kann, der kann die Weine auch erst probieren. La Vineria verkauft zudem Zubehör für Hobby-Winzer.
via casale 4, www.la-vineria.it, telefon: 02 83242440, geöffnet: mo 15.30-20.00, di-do 10.00-13.00 & 15.30-20.00, fr-sa 10.00-13.00 & 15.30-1.00 , u-bahn: 2 porta genova

BOOK

20

21

(20) Sie sind von Mailand und Naviglio total begeistert und würden sich am liebsten ein Bild von der Stadt an die Wand hängen? Dann hat **Matteo Laganà** vielleicht etwas für Sie. In seinem winzigen Atelier mit Holzbalkendecke (beim Betreten den Kopf einziehen) können Sie seine Malkünste bewundern; der Raum hängt voll mit Arbeiten, auf denen er seine Lieblingsplätze verewigt hat.
alzaia naviglio grande 4, telefon: 02 8393314, geöffnet: mo 16.00-19.00 di-so 10.00-12.30 & 16.00-19.00, eintritt: frei, gemälde ab 25 €, straßenbahn: 3 vigevano-corsico

(21) Er ist Designer, sie Modeschöpferin. Inzwischen arbeiten sie seit 20 Jahren erfolgreich zusammen. Fast alles bei **Salvatore + Marie** stammt aus eigener Herstellung: von farbenfroher Kleidung über Taschen und ausgefallene Kleiderständer aus Kunststoff bis hin zu Lampenschirmen aus leeren Flaschen, umgekehrten Kaffee- und Teetassen sowie Couchtischen aus Glasstücken.
via vigevano 33, telefon: 02 89422152, geöffnet: mo 15.30-19.30, di-sa 10.30-13.00 & 15.30-19.30, u-bahn: 2 porta genova

(22) Das **Atelier Yooj** gehört der Koreanerin Jeong-Ah Yoo, die während einer Europareise auch Mailand besuchte und so begeistert war, dass sie sich hier kurze Zeit später niederließ. In ihrem Laden finden Sie neben ausgefallener Mode auch Einrichtungsaccessoires.
via mortara 4, www.atelieryooj.com, telefon: 02 49435528, geöffnet: di-fr 10.00-14.00 & 15.00-19.00, sa nach voranmeldung

(24) Für Taschenliebhaber ist **Fullspot** ein Muss. Schon deshalb, weil man seine eigene *O bag* entwerfen kann. Die Tasche wird aus EVA, einer Art Kautschuk, hergestellt und Sie haben die Wahl zwischen 20 verschiedenen Farben und diversen Größen. Für die Henkel können Sie Leder, Seil oder andere Materialien in unterschiedlichen Längen verwenden. Wer es ganz ausgefallen haben möchte, der stattet die Tasche noch mit einer Verzierung aus Wolle oder Pelz und einer Innentasche aus.
via tortona 12, www.fullspot.it, telefon: 02 3478364680, geöffnet: mo-fr 10.00-14.00 & 15.00-19.30, u-bahn: 2 porta genova

(25) Bevor der Großteil diverser Designermarken in den Mode-Outlets außerhalb der Stadt landet, findet man eine Auswahl von ungefähr 5000 Einzelteilen eine Zeit lang bei **D Magazine Outlet**. Obendrein gibt es 55 Prozent Rabatt auf alle Kleidung, Schuhe und Accessoires von Topmarken wie Dior, Gucci und Armani.

via forcella 13, www.dmagazine.it, telefon: 02 87392443, geöffnet: mo-sa 10.30-19.00 (aug. geschlossen), u-bahn: 2 porta genova, straßenbahn: 14 solari-montevideo

THE WATCH NECKLACE

100% there

(3) Der **Parco delle Basiliche** ist so klein, dass er die Bezeichnung "Park" eigentlich nicht verdient, großer Garten wäre treffender. Von einer Bank aus kann man in Ruhe San Lorenzo Maggiore und Sant'Eustorgio betrachten.
via santa croce/via vetere/via molino delle armi, straßenbahn: 3 ticinese-molino delle armi

(9) An jedem letzten Sonntag im Monat findet in Naviglio der **Antikmarkt** statt. Dann ist an den Kanälen eine Menge los, denn jeder verkauft Antiquitäten (oder alten Krempel). Neben dem alten Grammofon mit riesigem Schalltrichter stehen Kommoden und Stühle und stapeln sich alte Bücher.
alzaia naviglio grande & ripa di porta ticinese, geöffnet: letzter so im monat 9.00-18.00 (außer im juli), u-bahn: 2 porta genova, straßenbahn: 2 valzenza-alzaia nav.grande

(14) Im Innenhof des **Centro dell'Incisione** fühlt man sich ins Mittelalter zurückversetzt. In den etwas heruntergekommenen kleinen Häusern rund um den alten Platz halten Bildhauer Kurse ab – bei schönem Wetter natürlich draußen.
alzaia naviglio grande 66, telefon: 02 2881417, geöffnet: di-sa 16.00-19.00, workshop ab 35 €, u-bahn: 2 porta genova, straßenbahn: 2 valenza-alzaia nav. grande

(26) Das Café **Morna** verfügt über eine echte Boccia-Bahn – mitten in einer dicht besiedelten Gegend an der Via Tortona. In dieser Sport- und Cocktailbar kann man gleichzeitig Musik lauschen und Boccia spielen. Kein Wunder, dass vor allem im Frühjahr und Sommer viel los ist.
via tortona 21, telefon: 02 3387693039, geöffnet: mo-fr 19.00-2.00, sa 18.00-2.00, preis: aperitivo 8 €, u-bahn: 2 porta genova

(28) Wie in Deutschland werden in Italien Filme synchronisiert. Somit sind die meisten italienischen Kinos für ausländische Touristen wenig attraktiv. Das **Cinema Mexico** gehört zu den wenigen Mailänder Kinos, in denen täglich ein Film in Originalsprache (mit italienischen Untertiteln) gezeigt wird.
via savona 57, www.cinemamexico.it, telefon: 02 48951802, filmvorführungen täglich 16.30, 18.30, 20.30 & 22.30, preis: 7,50 €, u-bahn: 2 sant'agostino, straßenbahn: 14 solari-stendhal

MORNA (26)

(31) Mailand liegt nicht weit vom Comer See und dem Lago Maggiore entfernt. Wer jedoch die Autofahrt scheut, findet in der Stadt eine adäquate Alternative: schwimmen im Schwimmbad **Parco Solari** oder sonnen im Park. Im Hallenbad ist Schwimmen ohne Bademütze allerdings nicht erlaubt. Wer keine dabei hat, kann sich diese vor Ort kaufen.
via montevideo 20, telefon: 02 33553950, geöffnet: mo-sa 7.00-9.00 & 12.00-14.30 & 18.30-23.00, so 10.00-19.00, eintritt: 5 €, u-bahn: 2 sant'agostino

Naviglio & Solari

SPAZIERGANG 3 (ca. 6 km)

Startpunkt ist der Corso di Porta Ticinese 1 2. Machen Sie einen kurzen Abstecher nach links in die Via Vetere zum Picknicken im Parco delle Basiliche 3. Danach geht es zurück in die Einkaufsstraße, der Sie in Richtung Piazza XXIV Maggio folgen 4 5. Leckere Panini 6 gibt es vor der Piazza rechts oder überqueren Sie die Piazza, um die Porta Genova 7 zu sehen. Dann gehen Sie geradeaus am Gemüsemarkt vorbei in Richtung Kanal, um Eis zu essen 8. Weiter am Kanal entlangspazieren, wo jeden letzten Sonntag im Monat ein Antikmarkt 9 stattfindet. Schlendern Sie am Kanal mit den netten Läden 10 weiter. Für eine kurze Verschnaufpause bietet sich das Mag Café 11 an. Folgen Sie dem Kanal 12. Nach Ecliss 13 den Kanal überqueren und auf der anderen Seite zurückgehen 14 15. Einen Abstecher in die Via Casale machen, um eine gute Flasche Wein oder Olivenöl 16 zu kaufen. Ansonsten geht es am Wasser weiter in Richtung 17, vorbei an der alten Waschgasse 18 19 und dem Atelier des Malers Matteo Laganà 20. Ein paar Schritte zurückgehen, um über die Via Corsico in die Einkaufsstraße Via Vigevano 21 zu gelangen. Diese Straße überqueren und nach dem ausgefallenen Laden in der Via Mortara 22 über die Via Alessandria in den Corso C. Colombo einbiegen. Hier geht es links 23 zum Bahnhof Porta Genova. Die kleine Eisenbahnbrücke überqueren, um die Via Tortona 24 mit den vielen Casting-Agenturen zu erreichen, wo Models mit ihren Fotomappen unter dem Arm herumstolzieren. Nach einem kurzen Abstecher zum Topmarken-Outlet 25 in der Via Forcella geht es wieder rechts in die Via Tortona 26, bis zum Kreisverkehr. Lust auf eine Tasse Kaffee oder ein gutes Mittagessen? Beides gibt es geradeaus 27. Ansonsten rechts in die Via Bergognone abbiegen. Links in die Via Savona geht es zum Kino 28 und geradeaus wartet eine leckere Pizza 29 auf Sie. Um den Spaziergang fortzusetzen, rechts in die Via Savona einbiegen. Bei Moyé 30 an der Ecke links gehen, um über die Via Montevideo den schönen Parco Solari zu erreichen, wo Sie ein herrlich erfrischendes Bad 31 nehmen können. Schließen Sie den Spaziergang bei La Baita del Formaggio 32 um die Ecke ab und kaufen Sie köstlichen Käse.

4

Vor allem in den Einkaufsstraßen Corso Genova und Via Torino, in denen sich Jeans- und Schuhläden aneinanderreihen, ist immer viel los. Einer der Gründe ist die recht gute Lage zwischen Zentrum und Porta Ticinese. Die Via Torino ist eine der ältesten Straßen der Stadt, in der einst Werkstätten und Cafés angesiedelt waren. Beim Ausbau der Straße zugunsten der Straßenbahn wurden die meisten Gebäude abgerissen und durch die heutigen Geschäftshäuser ersetzt. In den Seitenstraßen blieb jedoch der ursprüngliche Charakter großteils erhalten.

Die Colonne di San Lorenzo, der römische Säulengang, ist ein allseits beliebter Treffpunkt. Bis vor Kurzem gab es hier zwei Lager: an der Kirche, umweht von Haschischduft, die Alternativen mit ihren Hunden, und an der Porta Ticinese die Yuppies. Als die alten Lampen des Säulengangs durch eine spektakuläre Beleuchtung ersetzt wurden, kehrten die Drogenkonsumenten dem Viertel den Rücken. An der benachbarten Piazza della Vetra locken tagsüber und abends viele schöne Straßencafés.

6 Insider-Tipps

Museum der Wissenschaft und Technologie

Von Leonardo da Vincis Erfindungen lernen.

Le Biciclette

In einem ehemaligen Fahrradladen einen Aperitif zu sich nehmen.

Santa Maria presso San Satiro

Ein klassisches Konzert besuchen.

Sant'Ambrogio

Das goldene Deckenmosaik bestaunen.

Zio Pesce

Guten, bezahlbaren Fisch genießen.

Peck

Italienische Delikatessen als Mitbringsel erstehen.

- **Sehenswürdigkeiten**
- **Shoppen**
- **Essen & Trinken**
- **100% there**

Sehenswürdigkeiten

① Ein Teil des **Museo Nazionale della Scienza e della Tecnologia Leonardo da Vinci** (Nationalmuseum der Wissenschaft und Technologie) ist dem berühmten Namensgeber gewidmet. Neben Zeichnungen sind auch diverse Holzmodelle seiner Erfindungen zu sehen, zum Beispiel ein Flugzeug. Auch von anderen Tüftlern gibt es Werke zu bestaunen, unter anderem die erste Rechenmaschine und die ersten Fotokameras.
via san vittore 21, www.museoscienza.org, telefon: 02 485551, geöffnet: di-fr 9.30-17.00, sa-so 9.30-18.30, eintritt: 10 €, u-bahn: 2 sant'ambrogio

② Die romanische Kirche **San Vittore al Corpo** steht an einem kleinen idyllischen Platz und gehört in puncto Innenausstattung zu den schönsten Gotteshäusern Mailands. Hier kann man wunderschöne Gemälde aus dem 16. Jahrhundert bewundern, etwa Abbiatis *Beato Tolomeo*. Die im 4. Jahrhundert erbaute Kirche wurde sowohl im 12. als auch im 16. Jahrhundert völlig zerstört, jedoch fachmännisch wiederaufgebaut.
via san vittore 25, telefon: 02 48005351, geöffnet: täglich 7.30-12.00 & 15.30-19.00, eintritt: frei, u-bahn: 2 sant'ambrogio

③ Für die Einwohner Mailands hat die Kirche **Sant'Ambrogio** einen fast noch höheren Stellenwert als der Dom. Diese im 4. Jahrhundert errichtete Kirche wurde nach dem Schutzpatron der Stadt, dem heiligen Ambrosius, benannt. Er weihte die Kirche ein und liegt hier auch begraben. In der Folgezeit, vor allem aber im 12. Jahrhundert, wurde die Kirche so stark erweitert und umgebaut, dass von der ursprünglichen Basilika fast nichts mehr übrig blieb. Absolut sehenswert: der goldene Altarvorsatz und das goldene Deckenmosaik in der Victorkapelle. Auf den Säulen des Atriums sind kämpfende Tiere abgebildet, die den ewigen Kampf des Guten gegen das Böse symbolisieren. Beim Eingang kann man sich für einen Euro die Geschichte der Kirche anhören.
piazza sant'ambrogio 15, telefon: 02 86450895, geöffnet: täglich 7.00-12.00 & 14.30-19.00, eintritt: frei, u-bahn: 2 sant'ambrogio

(4) An der **Università Cattolica** zu studieren, ist schon etwas Besonderes. Die Universität, eine der renommiertesten Lehreinrichtungen Italiens, ist seit 1921 in einem ehemaligen Kloster mit herrlichem Atrium und historischen Säulengängen untergebracht. Man sollte sich unbedingt die Aula Magna anschauen, einen prächtigen Saal mit einem reich dekorierten Deckengewölbe. Auch Nichtstudenten sind herzlich willkommen.
via lodovico necchi 1, telefon: 02 72341, geöffnet: mo-fr 9.00-18.00, eintritt: frei, u-bahn: 2 sant'ambrogio

(19) Um das 1. Jahrhundert n. Chr. wurde in Mailand, etwas außerhalb der römischen Stadtmauern, das **Anfiteatro Romano** errichtet. Mit einer Größe von 155 x 125 Metern war es damals das viertgrößte Amphitheater der Welt. Dem Niedergang im 5. Jahrhundert folgte der vollständige Abriss im 6. Jahrhundert. Das Material wurde für den Bau der Basilica di San Lorenzo benutzt. Heute sind die restlichen Fundamente der Tribüne im Parco Archeologico zu sehen. Mehr als 400 weitere Fundstücke, die während Ausgrabungsarbeiten entdeckt wurden, sind im Antiquarium "Alda Levi" ausgestellt.
via edmondo de amicis 17, telefon: 02 89400555, geöffnet: di-fr 9.00-16.30, sa 9.00-14.00, alda levi do-sa 9.00-14.00, eintritt: frei, straßenbahn: 2, 14 genova-res.partigiana, 3 ticinese-molino delle armi

(20) Die **Porta Ticinese** war einst Teil der mittelalterlichen Stadtmauer Mailands aus dem 12. Jahrhundert und wird auch Porta Marengo genannt. Im 14. Jahrhundert erhielt das Tor ein Relief, das Maria mit Kind darstellt. Zu ihren Füßen kniet Ambrosius und reicht ihnen die Stadt zum Schutze. Die beiden äußeren Türme wurden erst 1865 hinzugefügt.
corso di porta ticinese, u-bahn: 2 sant'ambrogio, straßenbahn: 3, 9, 15, 29, 30 ticinese-molino delle armi

(21) Am Abend pulsiert an den **Colonne di San Lorenzo** das Leben. Die Tempelsäulen aus dem 2. und 3. Jahrhundert sind ein beliebter Treffpunkt für Jung und Alt. Die abend- und nächtliche Beleuchtung verleiht dem Platz eine besonders romantische Atmosphäre.
corso di porta ticinese, eintritt: frei, u-bahn: 2 sant'ambrogio, straßenbahn: 3, 9, 15, 29, 30 ticinese-molino delle armi

SAN LORENZO MAGGIORE ㉒

④ UNIVERSITÀ CATTOLICA

(22) Wer schon immer von einer Märchenhochzeit geträumt hat, der kann sich in der runden Basilika **San Lorenzo Maggiore** zwischen wunderschönen hölzernen Heiligenfiguren das Jawort geben. Die Kirche brannte mehrmals komplett ab, wurde aber immer wieder aufgebaut. Angeblich wurde das Gotteshaus früher sogar einmal als Badeanstalt genutzt.
corso di porta ticinese 35, www.sanlorenzomaggiore.com, telefon: 02 89404129, geöffnet: mo-sa 7.30-18.45, so 9.00-19.00, eintritt: frei, u-bahn: 2 sant'ambrogio, tram 3, 9, 15, 29, 30 ticinese-molino delle armi, 2, 14 correnti-carobbio

(28) Die zwischen 1601 und 1630 erbaute Barockkirche **Sant'Alessandro** in Zebedia am gleichnamigen Platz wird von Touristen oft übersehen. Vor allem die Kuppel und die beiden Türme beiderseits der Kirche sind sehenswert: In dem einen befinden sich die Glocken, im anderen das Uhrwerk. Diese Kirche wurde auf den Überresten einer älteren Kirche errichtet, in der der Märtyrer Alexander gefangen gehalten wurde. Die Akustik der Kirche ist so grandios, dass sonntags gelegentlich Klassikkonzerte stattfinden.
piazza sant'alessandro (eingang piazza missori 4), telefon: 02 86453065, geöffnet: mo 12.00-19.30, di-sa 10.00-19.30, so 11.00-19.30, eintritt: frei, u-bahn: 3 missori

(32) Die Sammlung der 1618 vom Kardinal und Kunstkenner Fredrico Borromeo gegründeten **Pinacoteca Ambrosiana** umfasst unter anderem Werke Rafaels, Botticellis und Tizians. Außerdem sind wissenschaftliche Instrumente aus dem 18. Jahrhundert ausgestellt. Die Biblioteca Ambrosiana (ebenfalls im Museum) beherbergt über 750.000 Bücher, darunter auch einige Bände des *Codex Atlanticus* von Leonardo da Vinci.
piazza pio XI 2, www.ambrosiana.it, telefon: 02 806921, geöffnet: di-so 10.00-18.00, eintritt: 10 €, u-bahn: 1 duomo, cordusio

(33) Vor dem Bau des Doms war die **Piazza dei Mercanti** das Zentrum der Stadt. Im Mittelalter fanden auf dem Platz Märkte statt und es stand hier sogar ein Gefängnis. Die Jahrhunderte hat jedoch nur der Brunnen aus dem 16. Jahrhundert überstanden.
piazza dei mercanti, u-bahn: 1 duomo, cordusio

Essen & Trinken

⑥ Für alle Liebhaber von Fleisch und Pizza ist **Mama Milano** genau das richtige Lokal. Zu moderaten Preisen werden sowohl köstliche italienische als auch argentinische Gerichte serviert – da kommt jeder auf seine Kosten.
via caminadella 7, telefon: 02 84131703, geöffnet: di-sa 12.00-14.30 & 19.30-23.30, preis: 10 €, u-bahn: 2 sant'ambrogio

⑦ Das sehr beliebte Eiscafé **Oasi del Gelato** ist bekannt für sein köstliches Eis. Absolut empfehlenswert sind das Fruchteis sowie *bacio* (Schokolade mit ganzen Haselnüssen). Highlight: eine mit Ihrem Lieblingseis gefüllte Brioche.
via dei fabbri 26, telefon: 02 89406958, geöffnet: täglich 10.00-1.00, preis: eis 2.20 €, brioche 2,50 €, u-bahn: 2 sant'ambrogio, straßenbahn: 2, 14 genova-res.partigiana

⑩ In Mailand ist die **Pasticceria Cucchi** bereits seit 1936 eine Institution. Sie ist nicht Mailands schönste Konditorei, aber die Brioches mit *cioccolato fondente* (Halbbitterschokolade) sind schlichtweg sensationell. Frühmorgens ist immer besonders viel los. Im hinteren Bereich gibt es Mittagessen.
corso genova 1, www.pasticceriacucchi.it, telefon: 02 89409793, geöffnet: di-so 7.00-22.00, preis: kaffee mit brioche an bar 2,50 €, straßenbahn: 2, 14 genova-res.partigiana

⑪ Vom einstigen Fahrradladen **Le Biciclette** ist nur ein Fahrrad übrig geblieben – und das hängt als Dekoration an der Decke. Kulturinteressierte Mailänder kommen zum Essen, Trinken und sonntags zum Brunchen hierher. Die Bilder an den Wänden kann man kaufen, den Preis dafür erfragen Sie am Tresen.
via torti 1, www.lebiciclette.eu, telefon: 02 8394177, geöffnet: täglich 18.00-2.00, brunch so 12.00-16.00, preis: cocktail 9 €, u-bahn: 2 sant'ambrogio, straßenbahn: 2, 14 genova-res.partigiana

⑫ **Zio Pesce** ist ein kleines Restaurant in der Nähe der Porta Ticinese, in dem man relativ günstig Fisch essen kann. Kein Wunder, dass das Lokal immer voll ist. Reservieren empfohlen. Probieren Sie Muscheln und die Krebsgerichte.
via cicco simonetta 8, www.ziopesce.it, telefon: 02 58109145, geöffnet: mo-sa 19.30-0.00, preis: 13 €, u-bahn: 2 sant'ambrogio, straßenbahn: 2 genova-res. partigiana

LE BICICLETTE ⑪

⑮ **La Nicchia dei Sapori** ist der Laden für italienische Delikatessen wie Wein, Käse, Aufschnitt, Olivenöl und Marmeladen. Alles zum Mitnehmen. Wer will, kann auch an Ort und Stelle ein Glas Wein mit Antipasti genießen. *via daniele crespi 14, telefon: 02 8357661, geöffnet: mo-sa 16.00-23.00, preis: glas wein + antipasti 12 €, u-bahn: 2 sant'agostino, straßenbahn: 2, 14 genova-d'oggiono, colombo-coni zugna*

⑱ Obwohl direkt an einer belebten Durchgangsstraße gelegen, hat die **Premiata Pizzeria** eine kleine Terrasse. Innen gibt es etwas mehr Platz, um eine der wirklich köstlichen Pizzen mit hauchdünnem Boden zu genießen. *via edmondo de amicis 22, telefon: 02 89406075, geöffnet: täglich 12.00-15.00 & 19.00-0.00, preis: pizza & bier 10 €, u-bahn: 2 sant'ambrogio, straßenbahn 2, 14 genova-res.partigiana*

(23) Zum Sonntagsbrunch geht man am besten in die **Cantina della Vetra**. Für 30 Euro darf man sich so viel vom üppigen Buffet nehmen, wie man möchte. Probieren Sie die verschiedenen Mozzarellas und die *stracciatella*, das cremige Herz des köstlichen *burrata*-Käses aus Apulien. Auch die *mortadella con tartufo* (Wurst mit Trüffeln) sollte man nicht links liegen lassen.
via pio IV 3/piazza della vetra, www.cantinadellavetra.it, telefon: 02 89403843, geöffnet: täglich 19.00-1.00, sa-so 12.00-15.00, preis: brunch 30 €, u-bahn: 2 sant'ambrogio, 1, 3 duomo, straßenbahn: 3 ticinese-molino delle armi

(24) Italiener lieben kulinarische Abwechslung, der eigenen grandiosen Küche zum Trotz. Das **Tasca** bietet sie. In dieser gemütlichen spanischen Tapasbar gibt es neben herrlichen Weinen auch Schinken- und Salami-Platten. Probieren Sie mal *pata negra*, den luftgetrockneten Schinken. Der Name ("schwarze Pfoten") verweist auf das Schwein, von dem dieser rohe Schinken stammt.
corso di porta ticinese 14, www.iltasca.it, telefon: 02 8376915, geöffnet: mo-fr 12.30-1.30, sa 18.30-1.30, preis: 25 €, u-bahn: 2 sant'ambrogio, straßenbahn: 1, 3 duomo, 3 ticinese-molino delle armi

(25) Japanische Restaurants sind in Mailand sehr beliebt. Leider sind sie oft sehr teuer oder außerhalb des Zentrums gelegen. Das **Nami** mit seiner umfangreichen Speisekarte und den moderaten Preisen ist eine Ausnahme. Wem der traditionelle japanische Schneidersitz zu anstrengend ist, der sollte am Fenster einen Tisch wählen, unter dem es Platz für die Beine gibt.
corso di porta ticinese 6, www.namisushi.it, telefon: 02 89401415, geöffnet: di-sa 12.00-14.30 & 19.00-23.30, preis: 12 €, u-bahn: 2 sant'ambrogio, 1, 3 duomo, straßenbahn: 3 ticinese-molino delle armi

ZIO PESCE ⑫

㉙ Wer in der **Veccia Latteria Vegetariana** essen will, muss unter Umständen erst draußen warten. Es gibt nämlich nur wenige Tische. Die Wände des winzigen Lokals hängen voll mit Fotos, auf denen der Inhaber mit attraktiven weiblichen Gästen verewigt ist. Hier kann man Käse aus eigener Herstellung probieren und aus verschiedenen vegetarischen Gerichten wählen, zum Beispiel gefüllte Paprika, überbackener Blumenkohl oder Spargel mit Räucherkäse.
via dell'unione 6, telefon: 02 874401, geöffnet: mo-sa 6.00-23.00, preis: 15 €, u-bahn: 1 duomo, 3 duomo, missori

⑭ **COCCINELLE**

Shoppen

(5) Nicht leicht zu finden, aber lohnenswert zu suchen: Elena, die Inhaberin des in einem Innenhof gelegenen **Caminadella Dolci**, bereitet ihre köstlichen süßen und herzhaften Kuchen und Gebäcke noch selbst zu, und zwar nach ausgefallenen Rezepten.
via caminadella 23 (bei nr. 28 klingeln), www.caminadelladolci.it, telefon: 02 72021136, geöffnet: mo-sa 9.00-19.00, u-bahn: 2 sant'ambrogio

(8) Wer etwas Schönes fürs Badezimmer oder einfach ein hübsches Geschenk sucht, wird sicher bei **Rebus** fündig. Dieser Laden hat ein sehr eigenwilliges Sortiment, von mit Fischen dekorierten, durchsichtigen Aufbewahrungsboxen über Duschvorhänge, die auch als Fotorahmen dienen können, T-Shirts mit witzigen Sprüchen oder Blumenmotiven bis hin zu Stiefeln, die mit Stadtplänen bedruckt sind.
via edmondo de amicis 35, www.rebusregali.com, telefon: 02 58106157, geöffnet: mo 15.30-19.30, di-sa 10.30-19.30, u-bahn: 2 sant'ambrogio

(9) Kochwütige kaufen bei **Kitchen**. Wer Designerschneebesen, Messer oder Schürzen sucht, findet sie hier. Ihr Italienisch lässt zu wünschen übrig? Kein Problem, es gibt auch englischsprachige Kochbücher.
via edmondo de amicis 45, www.kitchenweb.it, telefon: 02 58102849, geöffnet: mo 15.30-19.30, di-sa 10.00-19.30, u-bahn: 2 sant'ambrogio

(13) Bei **Biffi** gibt es Kleidung und Accessoires zahlreicher nationaler und internationaler Topmarken für Frauen wie Männer, wie zum Beispiel Gucci, Fendi, Stella McCartney oder Hogan. Darüber hinaus sind auch einige aufstrebende Designertalente vertreten. Zahlreiche andere Modehäuser nehmen sich an der Kollektion von Biffi ein Beispiel – lassen Sie sich ebenfalls inspirieren, auch wenn Sie nichts kaufen möchten. Vis-à-vis (Hausnummer 5) befindet sich übrigens eine Filiale mit Sportkleidung.
corso genova 6, www.biffi.com, telefon: 02 83116052, geöffnet: mo 15.00-19.30, di-sa 9.30-13.30 & 15.00-19.30, straßenbahn 2, 14 genova-res.partigiana

31 **PECK**

(14) Die bekannte italienische Modemarke **Coccinelle** ("Marienkäfer") bietet bezahlbare Taschen an. Ob "normale" schwarze Modelle oder solche in Modefarben – dieser Laden hat sie. Und auf allen befindet sich der Marienkäfer. Außer Taschen gibt es auch passende Geldbörsen, Ledergürtel, Handschuhe und Schlüsselanhänger.
corso genova 6, telefon: 02 89421347, geöffnet: mo-fr 10.00-14.00 & 15.30-19.30, sa 10.00-19.30, u-bahn: 2 sant'ambrogio, straßenbahn: 2, 14 genova-ariberto

(27) Von außen wirkt der japanische Laden **Muji** eher klein, aber das täuscht. Auf dem Weg zur Herren- und Damenmode kommt man an praktischen Dingen wie Aufbewahrungsboxen vorbei, im Untergeschoss findet man Möbel (Betten, Schränkchen) und Designerartikel wie Radios und Küchengeräte.
via torino 51, www.muji.eu, telefon: 02 809441, geöffnet: so-mo 11.00-19.30, di-sa 10.00-19.30, u-bahn: 1, 3 duomo, straßenbahn: 2, 3, 14 torino-palla

(31) Den Feinkostladen **Peck** gibt es schon seit mehr als 130 Jahren und er ist immer noch die Anlaufstelle der Mailänder für Lebensmittel allerbester Qualität. 1883 gründete Francesco Peck sein Geschäft, um genau das anzubieten, wonach den Mailändern damals der Sinn stand: hochwertige Produkte aus der Gegend und anderen Regionen Italiens. Ob hausgemachte Nudeln, Käse, Aufschnitt, Tee, Wein oder frische Trüffel – hier findet man einfach alles. Wer auch nach seiner Mailand-Reise noch etwas Italien genießen will, ist hier an der richtigen Adresse.
via spadari 9, www.peck.it, telefon: 02 8023161, geöffnet: mo 15.30-19.30, di-fr 9.30-19.30, sa 9.00-19.30, u-bahn: 1, 3 Duomo

100% there

⑯ Für den **Mercato di Viale Papiniano**, Mailands größten Frischemarkt, wird die breite Viale Papiniano jeden Samstagmorgen für den Durchgangsverkehr gesperrt. Die bunte Auswahl an Gemüse, Obst und Fisch wird nicht selten zu nachtschlafener Zeit aus Süditalien herantransportiert, damit sie so frisch wie möglich ist. Mailand liegt zwar nicht am Meer, aber der Fisch, der hier verkauft wird, ist absolut frisch.
viale papiniano, geöffnet: sa 7.30-17.00, u-bahn: 2 sant'agostino, porta genova

⑰ Auf dem Flohmarkt **Fiera di Senigallia** kann man stundenlang zwischen alten und neuen Sachen stöbern. Hier findet man wirklich alles – von Kleidung und Schuhen über afrikanische und asiatische Möbel bis hin zu Räucherstäbchen. Auf seine Geldbörse sollte man allerdings auch gut achtgeben, denn Taschendiebe liegen hier immer auf der Lauer. Einmal jährlich findet an dieser Stelle ein großer Blumenmarkt statt.
darsena (das alte hafenbecken), geöffnet: sa 9.00-17.00, straßenbahn: 3 ticinese, 9 xxiv maggio

㉖ Die kleine, ehemalige Kirche San Sisto diente dem Bildhauer Francesco Messina (1900–1995) als Werkstatt. Seit 1974 ist darin das **Studio Museo Francesco Messina** untergebracht, in dem man etwa 80 Skulpturen, Skizzen und Aquarelle Messinas bestaunen kann.
via san sisto 4a, telefon: 02 86453005, geöffnet: di-fr 10.00-14.00, sa 14.00-18.00, eintritt: frei, u-bahn: 1 cordusio, straßenbahn: 3 torino-carrobbio

㉚ Liebhaber klassischer Musik kommen in der Kirche **Santa Maria presso San Satiro** voll auf ihre Kosten. Sie liegt etwas versteckt in der Via Torino hinter einem Blumenstand und einem großen Gittertor. Hinter dem Altar scheint sich eine geräumige Apsis zu befinden, inklusive Säulen und Dekoration, doch das täuscht. Der Raum ist in Wahrheit winzig. Für diese optische Täuschung ist ein riesiges Wandgemälde aus dem 13. Jahrhundert verantwortlich, das auch noch heilende Kräfte besitzen soll.
via torino 17, telefon: 02 874683, geöffnet: täglich 7.30-18.30, eintritt: frei, u-bahn: 1, 3 duomo

5

Es lohnt sich, ab und zu einen Blick nach oben auf die prachtvollen Fassaden zu werfen. Der Stadtteil ist für seine schönen alten Häuser und verwunschenen Gärten bekannt, die man manchmal durch ein geöffnetes Tor erspähen kann. Nicht von ungefähr befindet sich im Corso Magenta das Archäologische Museum, denn die Straße stammt noch aus dem 3. Jahrhundert.

In der breiten Via Dante kann man nicht nur wunderbar Geschäfte abklappern, sondern auch in überdachten und teuren Straßencafés etwas trinken. Von beidem gibt es in dieser Shoppingmeile nämlich reichlich. Da einige Terrassen im Winter zudem beheizt werden, kann man ganzjährig und gut gewärmt Leute beobachten. Am Ende der Straße erhebt sich das imposante Castello Sforzesco, einer der wichtigsten Hotspots Mailands. Vor allem der Brunnen ist ein beliebter Platz zum Relaxen oder um ein Eis oder ein Sandwich zu essen. Durch die Porta del Parco gelangt man in den Parco Sempione, einen der wenigen schönen und großen Parks der Stadt. Hier findet man außer viel Grün auch Cafés und Kunst.

6 Insider-Tipps

Castello Sforzesco

Zwischen alten Schlossmauern Kunst betrachten.

Das letzte Abendmahl

Das weltberühmte Wandgemälde Leonardo da Vincis bestaunen.

Casa Lucia

In stimmungsvollem Ambiente köstliche *tagliata* genießen.

Parco Sempione

Zwischen historischen Bauten die Sonne genießen.

Gelateria Marghera

Vor dem berühmten Eiscafé in der Schlange stehen.

Belfiore

Handgefertigte italienische Schuhe erstehen.

Sehenswürdigkeiten
Shoppen
Essen & Trinken
100% there

Sehenswürdigkeiten

(9) Giuseppe Verdi hat immer behauptet, sein bestes Werk wäre der Bau seines Mailänder Hauses gewesen. Gemäß seinem Wunsch wurde sein Wohnhaus nach seinem Tod in ein Altenheim für ehemalige Sänger und Musiker umgewandelt. Ein Besuch in der **Casa Verdi** ist eine einmalige Erfahrung und bietet Einblicke in das Leben des weltberühmten Komponisten und in das von den Menschen, die hier ihren Lebensabend verbrachten. Auch die Gruft, in der Verdi und seine zweite Ehefrau liegen, kann besichtigt werden.
piazza buonarroti 29, www.casaverdi.org, telefon: 02 4996009, geöffnet: gruft täglich 8.30-18.00, museum nur für gruppen (nach voranmeldung), eintritt: frei, u-bahn: 1 buonarroti

(16) Leonardo da Vincis **Das letzte Abendmahl** (*Il Cenacolo*) befindet sich im Speisesaal des Klosters Santa Maria delle Grazie und kann besichtigt werden. Das weltberühmte, zwischen 1495 und 1497 angefertigte Wandgemälde zeigt den Moment, kurz nachdem Jesus verkündet hat, einer seiner Jünger werde ihn verraten. Das Gemälde ist deshalb so berühmt geworden, weil da Vinci den Gesichtsausdruck der Apostel auf ganz beeindruckende Weise festgehalten hat. Besichtigung ist nur nach Voranmeldung möglich. Es empfiehlt sich, dies frühzeitig (telefonisch oder online) zu tun, sonst besteht die Gefahr, dass Sie keine Eintrittskarten mehr erhalten.
piazza santa maria delle grazie 2, www.cenacolovinciano.net, telefon: 02 92800360, geöffnet: di-so 8.15-18.45, eintritt: 8 € (reservierungspflicht), u-bahn: 1 conciliazione, 1, 2 cadorna

(19) Der **Palazzo Litta** wurde zwischen 1642 und 1648 im Auftrag des Barons Bartolomeo Arese, damals eines der mächtigsten Männer Mailands, erbaut. Ende des 18. Jahrhunderts gelangte das Haus in den Besitz der Familie Litta, die hier ein Waisenhaus errichtete. Die Fassade stammt aus dem Jahr 1752 und stellt eines der besterhaltenen Beispiele des Mailänder Barocks dar. Das Tor steht häufig offen und gewährt einen Blick in den mit Säulen bestückten Innenhof aus dem 16. Jahrhundert.
corso magenta 24, nicht öffentlich zugänglich, u-bahn: 1 cadorna, straßenbahn: 16, 19 magenta-nirone

(22) SAN MAURIZIO

(21) Als das **Museo Archeologico** im Castello Sforzesco 1965 aus allen Nähten zu platzen drohte, wurden die römischen, griechischen und etruskischen Funde ins ehemalige Kloster Monastero Maggiore verlagert. Der Garten bietet einen herrlichen Blick auf die Überreste der Stadtmauern aus dem 4. Jahrhundert. Der 17 Meter hohe Ansperto-Turm stammt aus dem 9. Jahrhundert und gehört zu den wenigen noch fast vollständig erhaltenen romanischen Baudenkmälern.

corso magenta 15, telefon: 02 88465720, geöffnet: di-so 9.00-17.30, eintritt: 2 €, u-bahn: 1 cadorna, straßenbahn: 16, 19 magenta-nirone

(22) Von außen wirkt die 1503 erbaute Kirche **San Maurizio** eher unscheinbar. Im Inneren sind fast alle Wände des kleinen Kirchenschiffs mit Fresken aus dem 16. Jahrhundert bestückt, unter anderem von Bernardino Luini und dessen Sohn Aurelio. Die Kirche war früher zweigeteilt: Der vordere Bereich an der Corsa Magenta war den Gläubigen vorbehalten, der hintere Bereich, durch eine Wand getrennt, den Nonnen. Bis zum Jahr 1794 war das Betreten des jeweils anderen Bereiches streng untersagt. In der Trennwand sind noch immer die Öffnungen zu sehen, durch die kommuniziert wurde.
corso magenta 15, telefon: 02 8053972, geöffnet: di-sa 9.30-17.30, eintritt: frei, u-bahn: 1 cadorna, straßenbahn: 16, 19 magenta-nirone

(24) Kein Gebäude unterstreicht die Wirtschaftskraft Mailands so ausdrücklich wie die mächtige Börse aus dem Jahr 1931. Der offizielle Name des im neoklassizistischen Stil errichteten Bauwerks lautet **Palazzo Mezzanotte**. Der Saal mit Balustraden über drei Etagen gehört zu den größten seiner Art in Europa. Abends und nachts ist das Gebäude prachtvoll beleuchtet.
piazza degli affari 6, nicht öffentlich zugänglich, u-bahn: 1 cordusio

(28) Das riesige **Castello Sforzesco** wurde im 14. Jahrhundert als Festungsanlage erbaut. Seit den Fünfzigern sind hier unter anderem das bedeutendste Fotoarchiv Italiens und mehr als zehn Museen untergebracht. Im archäologischen Museum ist neben Fresken aus dem 15. Jahrhundert auch die letzte, jedoch unvollendete Skulptur Michelangelos zu sehen. In den Sommermonaten finden im weitläufigen Innenhof, in dem Dutzende von Katzen umherstreunen, Open-Air-Konzerte statt.
piazza castello, www.milanocastello.it, telefon: 02 88463700, geöffnet: täglich 7.00-18.00 (im sommer bis 19.00), fotoarchiv mo-fr 9.00-12.00, museum di-so 9.00-17.30, eintritt: frei, u-bahn: 1 cairoli, 2 lanza

34 ARCO DELLA PACE

(33) Die **Triennale** mit ihren Ausstellungen, Konferenzen und Vorträgen über Design und Architektur genießt weltweit einen ausgezeichneten Ruf. Die Kunstgalerie besitzt unter anderem eine Sammlung italienischer Designklassiker mit Olivetti-Schreibmaschine, Vespa, Fiat-Modellen und Haushaltsgeräten von Alessi, die in einer Dauerausstellung zu sehen sind. Im Triennale DesignCafé kann man anschließend noch etwas trinken oder essen.
viale alemagna 6, www.triennale.it, telefon: 02 724341, geöffnet: di-mi & fr-so 10.30-20.30, do 10.30-23.00, eintritt: wechselnd, u-bahn: 1, 2 cadorna

(34) Der mächtige, mit Marmor verkleidete **Arco della Pace** (Friedensbogen) ist einer der Zugänge zum Parco Sempione. Er wurde 1807 als Triumphbogen zu Ehren Napoleons errichtet, jedoch erst später vollendet und erinnert heute an den Frieden von 1815. An manchen (Feier-)Tagen darf der Bogen erklommen werden.
piazza sempione, straßenbahn: 1, 29, 30, bus: 61 sempione

Essen & Trinken

① Machen Sie es wie viele Italiener und starten Sie mit einem Hörnchen und einer Tasse Kaffee in den Tag. Kein Wunder, dass die **Pasticceria Ronchi**, die Anlaufstelle für Anwohner aus dem Stadtteil De Angeli, zur Frühstückszeit immer voll ist. Allerdings kann man hier auch gut zu Mittag essen, zum Beispiel köstliche Panini (warm und kalt).
via sacco 5, telefon: 02 462166, geöffnet: täglich 7.00-20.30, preis: kaffee & brioche 2,20 €, u-bahn: 1 de angeli

③ Wer ein Eis im berühmtesten Eiscafé Mailands essen möchte, muss Geduld haben. Vor allem abends ist in der **Gelateria Marghera** sehr viel los und man sieht die Eisliebhaber mit Riesenportionen aus dem Laden kommen. Geschmacksrichtungen gibt es unglaublich viele, sogar Lakritzeis.
via marghera 33, telefon: 02 468641, geöffnet: täglich 10.00-0.00, preis: eis 2,50 €, u-bahn: 1 wagner, de angeli

④ In der Bierkneipe **Akkademia** herrscht immer viel Betrieb. Vor allem Anwohner aus dem Stadtteil De Angeli treffen sich hier auf eines der vielen angebotenen Biere oder auf einen Aperitif (hier auch "Happy Hour" genannt). Dann steht der Tresen voller köstlicher Häppchen. Die Auswahl ist so riesig, dass man danach gut und gerne auf ein Abendessen verzichten kann.
via carlo ravizza 1, www.akkademiapub.it, telefon: 02 39401555, geöffnet: mo-fr 12.00-15.00 & 18.00-2.00, sa & so 18.00-2.00, preis: aperitivo 8 €, u-bahn: 1 de angeli

⑤ Seinen Namen hat das Restaurant **Casa Lucia** der Küchenchefin Lucia zu verdanken, der Witwe eines der ursprünglichen Inhaber, die dem Lokal in den 1960er-Jahren zu großer Beliebtheit verhalfen. Die Küche ist traditionell italienisch, die *tagliate* (dünn aufgeschnittener Rinderbraten) sind ein Traum. Probieren Sie mal *tagliata di manzo al rosmarino e pepe nero*. Geöffnet ist das Restaurant bis 1 Uhr nachts, also können Sie hier auch nach einer Theatervorstellung vorbeischauen.
via carlo ravizza 2, www.ristorantecasalucia.it, telefon: 02 4986691, geöffnet: täglich 12.00-14.45 & 19.00-1.00, preis: 16 €, u-bahn: 1 de angeli

PASTICCERIA RONCHI (1)

(8) In Mailand ist **Spontinis** *pizza al trancio* (Pizza in Stücken) allseits bekannt und beliebt. Es gibt jedoch nur eine Pizzasorte: die klassische Margherita, manchmal auch mit Sardellen belegt. Da Spontini 1953 nur einen Lieferdienst und kein Restaurant plante, ist es hier ziemlich eng. Aber das ist beim ersten Biss in den dicken, weichen Pizzaboden schnell vergessen.
via marghera 3, www.pizzeriaspontini.it, telefon: 02 43514223, geöffnet: mo-fr 11.45-14.30 & 18.00-23.30, sa-so 11.45-15.00 & 18.00-0.00, preis: 5 €, u-bahn: 1 wagner

④ **AKKADEMIA**

⑮ Den hübschen Tisch im **Colonial Café**, an dem man gerade gebruncht hat, kann man auch kaufen. Gleiches gilt übrigens für alle Möbel. Außerdem gibt es Uhren, auf denen das Logo des Lokals prangt. Der Sonntagsbrunch ist sehr üppig und umfasst auch Spiegelei und Omelett.
corso magenta 85, www.colonial-cafe.com, telefon: 02 43511054, geöffnet: mo-sa 7.00-0.00, preis: brunch 22 € (inkl. alkoholfreies getränk), u-bahn: 1 conciliazione

(18) In der **Bar Magenta**, einem Lokal aus dem 19. Jahrhundert, hängen alte, hölzerne Bierreklameschilder. Es gibt irische Fassbiere und gutes Mittagessen. Spätnachmittags geht hier die Post ab. Von Montag bis Samstag kann man übrigens Geld sparen: Wer sein Mittagessen vor 12.15 Uhr bezahlt, bekommt zehn Prozent Rabatt.
via carducci 13, www.barmagenta.it, telefon: 02 8053808, geöffnet: di-so 7.00-2.00, preis: cocktail 6 €, mittagessen 12 € , u-bahn: 1, 2 cadorna

(26) In der kleinen **Bar Castello** gibt es so leckeres Eis wie Zimt-Eis und Tiramisu-Eis. Es kann jedoch sein, dass man dafür kurz anstehen muss. Da die zwei kleinen Bänke fast immer besetzt sind, genießt man sein Eis eben am Springbrunnen auf der Piazza Castello.
piazza castello 2, telefon: 02 864038, geöffnet: täglich 7.30-0.00, preis: eis 2.50 €, u-bahn: 1 cairoli

(27) Keine Lust auf ein warmes Mittagessen? Warum nicht mal ein Panino? An vielen **Paniniständen** lässt die Qualität zu wünschen übrig, aber links vom Springbrunnen des Castello Sforzesco gibt es leckere Panini für wenig Geld.
piazza castello, geöffnet: täglich 9.00-19.00, preis: 3 €, u-bahn: 1 cairoli

(32) Mitten im Parco Sempione betreibt Topdesigner Roberto Cavalli ein ziemlich schräges Club-Restaurant: **Just Cavalli Hollywood**. Bänke und Stühle sind mit Antilopenleder und Leopardenfell bezogen. An lauen Sommerabenden kann man im Just Flower Garden bei Kerzenschein auf weichen Kissen einen Drink genießen.
viale camoens (torre branca), milano.cavalliclub.com, telefon: 02 311817, geöffnet: täglich 20.00-3.00, preis: 30 €, u-bahn: 1, 2 cadorna

(35) Die Lage der Bar **Living** – eines ehemaligen Postamts mit Blick auf den Arco della Pace – ist einfach grandios. Die erste Wodkabar Mailands hat mehr als 100 verschiedene Wodkasorten auf der Karte. Im Winter ist das Lokal eine reine Loungebar, im Sommer gibt es auch Terrassenplätze.
piazza sempione 2, www.livingmilano.com, telefon: 02 33100824, geöffnet: täglich 8.00-2.00, preis: cocktail 10 €, straßenbahn: 1 sempione

Shoppen

② Bei **Boîte de Couture** gibt es bezahlbare Damenmode. Die Boutique ist zwar klein, aber so clever eingerichtet, dass sie trotzdem ein beachtliches Sortiment bieten kann.
via sacco 5, telefon: 02 4692044, geöffnet: mo 15.30-19.30, di-sa 9.30-12.30 & 15.30-19.30, u-bahn: 1 de angeli

⑦ Der Duft aromatischer Pilze schlägt einem schon entgegen, wenn man **La Fungheria** betritt. Hier gibt es alle möglichen Pilze, getrocknet oder in Öl, aber auch Butter und Soßen mit Trüffel. Auch geeignet als Mitbringsel, denn alles wird wunderschön verpackt.
via marghera 14, www.lafungheria.com, telefon: 02 4390089, geöffnet: mo-sa 9.30-13.30 & 15.30-19.30, u-bahn: 1 wagner

⑪ Handgefertigte Ketten mit passenden Ohrringen und Armreifen gibt es bei **Emy** schon seit 1961. Die Wände des kleinen Ladens hängen voll mit Modellen in allerlei Farben. Witzig: farbenfrohe Schmuckhalter aus Blech. Statt den Schmuck in Schatullen aufzubewahren, kann man ihn zum Beispiel an eine Fahrrad fahrende Frau hängen. Wer nach oben schaut, entdeckt den Inhaber, der in der ersten Etage Schmuck herstellt.
via belfiore 16, telefon: 02 4815089, geöffnet: mo 15.30-19.30, di-sa 10.00-13.30 & 15.30-19.30, u-bahn: 1 pagano

⑫ Für Käse und Aufschnitt suchen Mailänder bereits seit Jahren **Alla Fattoria Belfiore** auf. Köstliche Käse aus der Region sind beispielsweise *stracchino* (Weichkäse) und *piccantini* (gereifter, würziger Schafskäse). Zum Mitbringen für die Daheimgebliebenen bietet sich auch *salsiccia fresca* (frische Wurst) an.
via belfiore 11, telefon: 02 48000566, geöffnet: mo 16.00-19.30, di-sa 8.30-13.00 & 16.00-19.30, u-bahn: 1 pagano/wagner

⑬ **Belfiore** ist ein Schuhgeschäft, das in Handarbeit hergestellte Herrenschuhe verkauft. Für alle Männer, die den klassischen Stil lieben und Schuhe zum Anzug oder Smart-Casual-Look suchen. Samstags ist in dem kleinen Laden manchmal so viel los, dass man kurz draußen warten muss.
via belfiore 9, www.calzaturebelfiore.com, telefon: 02 468042, geöffnet: mo 15.00-19.30, di-sa 9.30-19.30, u-bahn: 1 pegano

BOÎTE DE COUTURE ②

⑬ BELFIORE

(14) Dank der umfangreichen Kollektion von Markenschuhen für Damen und Herren gehört **Vergelio** zu den renommiertesten Schuhgeschäften Mailands. Neben den bekannten italienischen Marken wie Fratelli Rossi, Prada und Tods hat Marilena auch eine eigene Kollektion.
corso vercelli 2, ecke piazzale baracca, www.vergelio.it, telefon: 02 4986608, geöffnet: mo 15.00-19.30, di-sa 10.00-19.30, u-bahn: 1 conciliazione

(17) Was wäre ein schickes Viertel ohne ebenso schicke Buchhandlung? In der **Libreria degli Atellani** finden regelmäßig Lesungen statt, und in der ersten Etage gibt es englischsprachige Bücher. Auch Filmliebhaber kommen hier dank der mehr als 4000 DVDs sowie der Bücher und Zeitschriften über die Filmwelt voll auf ihre Kosten.
corso magenta 65, www.atellani.it, telefon: 02 4816150, geöffnet: mo-fr 7.00-19.30, sa-so 7.00-13.30 & 14.30-19.30, u-bahn: 1 conciliazione

(20) Bereits seit 1921 verkauft **Ercolessi** Kugelschreiber, Bleistifte und andere Schreibwaren aller Arten, Größen und Preisklassen. Hier bekommt man noch Füller, die jahrelang halten. Für Mailänder sind Kugelschreiber von Ercolessi Statussymbole.
corso magenta 25, www.ercolessi.gpa.it, telefon: 02 86452444, geöffnet: mo 15.00-19.00, di-sa 10.00-14.00 & 15.00-19.00, u-bahn: 1 cordusio

(23) Jahrelang fuhren Italiener aus dem ganzen Land nach Neapel, um schicke, sündhaft teure Krawatten von **Marinella** zu kaufen. Diese Fahrt können sich die Mailänder inzwischen sparen, denn Marinella gibt es nun auch hier.
via santa maria alla porta 5, www.marinellanapoli.it , telefon: 02 86467036, geöffnet: mo-sa 10.00-19.00, u-bahn: 1 cordusio

(25) Designerin **Nadine** hat mit recht preisgünstiger Damenmode Mailand erobert. Die Kleidung ist farblich sortiert und lässt sich somit prima kombinieren. Außerdem gibt es schöne Accessoires wie Schuhe und Gürtel.
via dante 16, www.nadinefashiongroup.it, telefon: 02 86915906, geöffnet: mo 13.00-19.30, di-sa 9.30-19.30, so 10.00-19.30, u-bahn: 1 cairoli, cordusio

100% there

(6) In diesem Friseursalon findet jeder Haartyp seinen Meister. Ob eher alternativ oder klassisch, bei **Orea Malia Milano** alles kein Problem. Inhaber Marco spricht mehr als nur ein paar Brocken Englisch und beherrscht sein Fach: Die Kandidaten der Castingshow *X-Factor* werden von ihm und seinem Team fachgerecht gestylt. Der Salon hängt übrigens voll mit Kunstwerken, die man kaufen kann.
via marghera 18 (int), www.oreamalia.it, telefon: 02 4694976, geöffnet: di 9.30-20.30 mi & fr 9.30-19.30, do 11.00-22.00, sa 9.00-19.00, preis: schneiden & stylen 40 €, u-bahn: 1 de angeli

(10) Für frisches Obst und Gemüse pilgern die Mailänder in Heerscharen zum **Mercato Comunale**, dem städtischen Markt. In diesem permanenten "Basar" ist immer viel los, und es gibt sogar eine eigene Bäckerei und einen Metzger. Sehr sauber wirkt die Halle nicht, die Qualität, auch die vom Fleisch, ist aber ausgezeichnet.
piazza wagner 4, geöffnet: mo 8.00-13.00, di-sa 8.00-13.00 & 15.30-19.30, u-bahn: 1 wagner

(29) Der im englischen Stil angelegte **Parco Sempione** ist ein Park mit Teichen, Bäumen, erholsamen Schattenplätzen und romantischen Wegen. Auch das Castello Sforzesco, die Triennale und die Arena befinden sich hier. Im Sommer werden zahllose Open-Air-Events veranstaltet.
piazza castello/piazza sempione, u-bahn: 1 cadorna, cairoli, 2 lanza, cadorna

(30) Die **Arena Civica**, das 1806 erbaute Amphitheater, wurde früher zur Nachstellung von Seeschlachten mit Wasser geflutet. Heute dient es vor allem Sportlern als Trainingsgelände. Zwischen März und Oktober werden in dieser bis zu 30.000 Plätze fassenden Arena regelmäßig Open-Air-Konzerte veranstaltet, vor allem von italienischen Popstars.
via legnano/viale elvezia, konzertkarten: www.ticketone.it, geöffnet: nur während ausstellungen und konzerten zugänglich, u-bahn: 1 cadorna, cairoli, 2 lanza, cadorna

MERCATO COMUNALE ⑩

㉛ Im Herzen des Parco Sempione steht ein eiserner Turm, die **Torre Branca**. Dieser Aussichtsturm misst 108 Meter und ist somit genauso hoch wie der Turm des Mailänder Doms. Im Gegensatz zu diesem gibt es jedoch einen Lift, allerdings darf man nicht länger als fünf Minuten oben bleiben. Der Turm ist bei schlechtem Wetter geschlossen.
parco sempione, telefon: 02 3314120, geöffnet: sept.-apr. mi 10.30-12.30 & 16.00-18.30, sa 10.30-13.00 & 15.00-18.30 & 20.30-0.00, so 10.30-19.00, mai-sept. di & do-fr 15.00-19.00 & 20.30-0.00, mi 10.30-12.30 & 16.00-18.30 & 21.30-0.00, sa-so 10.30-12.30 & 15.00-19.00 & 20.30-0.00, eintritt: 4 €, u-bahn: 1 cadorna, cairoli, 2 lanza, cadorna

De Angeli, Corso Vercelli & Parco Sempione

SPAZIERGANG 5 (ca. 7 km)

Spazieren Sie von der U-Bahn-Station De Angeli in die Via Luigi Sacco zum Frühstücken (1) oder um eine schöne Boutique zu besuchen (2). Danach zurück und dann rechts in die Via Marghera gehen, um ein leckeres Eis (3) zu essen. Links gehen, um einen Aperitif zu trinken oder um einen Tisch für den Abend zu reservieren (4) (5). An der Ecke den Friseursalon (6) besuchen und danach weiter der Via Marghera folgen (7) (8). Am Ende links abbiegen, wenn Sie Verdis ehemaliges Wohnhaus besuchen möchten (9). Ansonsten am Markt (10) entlangschlendern und rechts in die Via Belfiore (11) (12) (13) einbiegen. Diese mündet in die lebhafte Einkaufsstraße Corso Vercelli. Am Ende des Corso Vercelli (14) die Piazzale Baracca überqueren und in den schönen Corso Magenta einbiegen (15). Anschließend dieser Straße bis zum Ende folgen, vorbei an Kirche und Kloster Santa Maria delle Grazie mit da Vincis berühmtem Fresko (16). Verpassen Sie nicht die schicke Buchhandlung Libreria degli Atellani mit tollen Büchern und Zeitschriften (17). Weiter geradeaus gehen, die Kreuzung überqueren und am Corso Magenta entlang Richtung Bar Magenta (18) spazieren. Dem Corso bis zum Ende folgen (19) (20) (21) (22); achten Sie unterwegs auf die herrlichen Fassaden und Bauten. Der Corso Magenta mündet in die Via Meravigli, wir aber halten uns hier rechts und biegen in die Via Santa Maria alla Porta ein, um eine edle Krawatte zu kaufen (23). Danach geht es ein paar Schritte geradeaus und dann links zur Piazza degli Affari. Hier befindet sich im Palazzo Mezzanotte die Mailänder Börse (24). Zur Via Meravigli zurückkehren und dieser bis zum Ende folgen. Anschließend geht es links weiter durch die gemütliche Via Dante (25) in Richtung Schloss. Kaufen Sie sich ein Eis (26), bevor Sie die Straße überqueren, oder ein leckeres Sandwich (27). Dann gehen Sie links um den Springbrunnen herum und weiter zum Castello Sforzesco (28). Durchqueren Sie den Park. Hier befinden sich zahlreiche Sehenswürdigkeiten und Cafés (29) (30) (31) (32) (33). Schließen Sie den Spaziergang in der Nähe des Arco della Pace (34) mit einem Aperitif als Belohnung ab (35).

6

Die Viale Monte Nero verbindet die Porta Romana mit der Porta Vittoria, von der nur noch die Zollhäuschen übrig geblieben sind. Früher wurde diese Straße wegen der vielen Obdachlosen gemieden. Seitdem sie verschwunden sind, kommen die Leute tagsüber gerne zum Shoppen oder abends zum Aperitiftrinken oder zum Essen hierher.

Die Piazza V Giornate ("Fünf Tage") und der Corso di Porta Vittoria ("Triumph") verdanken ihre Namen der fünftägigen Revolution im Jahr 1848. Damals wehrten sich die Einwohner Mailands erfolgreich gegen die österreichische Fremdherrschaft. So lebhaft wie zu jener Zeit ist die Piazza auch heute noch, allerdings hauptsächlich wegen des lauten Verkehrs. Achten Sie vor allem auf die Straßenbahnen! Auf beiden Seiten des Corso di Porta Vittoria liegen viele Geschäfte. Richtung Zentrum werden die Seitenstraßen wieder etwas stiller und ursprünglicher. In diesem Viertel, in dem viele gut betuchte Senioren wohnen, stehen noch heute schöne alte Häuser.

6 Insider-Tipps

San Bernardino alle Ossa

Sich in einer Kirche voller Knochen gruseln.

Skylab Outlet

Retrokleidung und schöne Accessoires bekannter Marken erstehen.

Giulio Pane e Ojo

Ein römisches Abendessen genießen.

Terme Milano

Zwischen den alten Stadtmauern baden.

Sant'Antonio Abate

Kirche und Kloster bestaunen.

Eataly

Italienische Slow-Food-Produkte kaufen.

- **Sehenswürdigkeiten**
- **Shoppen**
- **Essen & Trinken**
- **100% there**

Sehenswürdigkeiten

(7) Der riesige, zwischen 1932 und 1940 erbaute **Palazzo della Giustizia**, der Justizpalast, mit seinen mächtigen Treppen ist ein Paradebeispiel faschistischer Monumentalarchitektur. In seinem Inneren befinden sich 65 Gerichtssäle und mehr als 1200 Räume. In diesem Palazzo wurden Anfang der 1990er-Jahre einige große Korruptionsprozesse gegen Politiker verhandelt.
via carlo freguglia 1, telefon: 02 55181075, geöffnet: nicht öffentlich zugänglich, u-bahn: 1 san babila

(9) Die **Santa Maria della Passione** ist – nach dem Dom – die zweitgrößte Kirche Mailands. Der Bau wurde 1486 im griechisch-byzantinischen Stil begonnen. Durch die Erweiterung mit sechs halbrunden Kapellen ist von ihrem ursprünglichen Charakter nicht mehr viel übrig geblieben. Auffallend ist die achteckige Kuppel aus dem 16. Jahrhundert. Auf den großen Orgeln aus dem 16. und 17. Jahrhundert beiderseits des Chores werden heute noch Konzerte gegeben. Mit etwas Glück können Sie ein solches Kirchenkonzert vor Ort erleben. Die Kirche hat nämlich einen berühmten Nachbarn: das Verdi-Konservatorium.
via bellini 2, telefon: 02 76021370, geöffnet: täglich 7.00-12.00 & 15.00-18.15, eintritt: frei, konzerte kostenpflichtig, u-bahn: 1 san babila

(14) Nur wenige Mailänder kennen die Kirche **San Bernardino alle Ossa**, obwohl sie – dank ihrer makabren Kapelle – doch etwas aus der Reihe fällt. Die Wände dieses Beinhauses (*ossaria*) sind mit menschlichen Knochen und Schädeln bedeckt, die zum Großteil aus dem 12. Jahrhundert stammen. Werfen Sie unbedingt auch einen Blick in die von Sebastiano Ricci 1693/94 bemalte Kuppel.
piazza santo stefano, telefon: 02 76023735, geöffnet: mo-fr 8.00-12.00 & 13.30-18.00, sa 9.30-12.30, so 9.30-12.30 & 16.30-19.30, eintritt: frei, u-bahn: 1, 3 duomo, 1 san babila

⑮ Dem Vorsitzenden der Stiftung Kulturelles Erbe zufolge ist die Kirche **Sant'Antonio Abate** von 1582 das eigentliche Symbol der Stadt und vom Charakter her wie ihre Einwohner: zurückhaltend und auf den ersten Blick verschlossen, aber reich an verborgenen Schätzen. Also unbedingt ansehen und mehr über die Mailänder erfahren.
via sant'antonio 5, telefon: 02 8526259, geöffnet: mo-sa 10.00-18.00 (nov.-märz 10.00-14.00), eintritt: frei, u-bahn: 1, 3 duomo

⑯ Bis 1939 war das **Ca' Grande** ("großes Haus") das größte Krankenhaus Mailands. Obwohl mit dem Bau bereits 1456 begonnen wurde, erfolgte die Vollendung erst im 18. Jahrhundert. Heute sind hier einige Fakultäten der Mailänder Uni untergebracht. Absolut sehenswert: der Innenhof mit den vielen Säulen.
via festa del perdono 5, telefon: 02 58351, geöffnet: mo-sa 8.00-18.00, eintritt: frei, u-bahn: 1, 3 duomo, 3 missori

⑰ Der 1958 erbaute Turm **Torre Velasca** ist eines der umstrittensten Gebäude der Stadt. Manche finden diesen 106 Meter hohen Wolkenkratzer einfach nur hässlich, andere schlichtweg klasse. Platzmangel war der Grund für die besondere Form des Turms. Um in der schmalen Straße möglichst viel Bürofläche auf engstem Raum zu schaffen, ist das Gebäude oben breiter als unten. Das Hochhaus kann leider nur von außen besichtigt werden.
piazza velasca 3, u-bahn: 3 missori

⑲ Da Teile des Mauerwerks noch aus dem 4. Jahrhundert stammen, gehört die Kirche **San Nazaro Maggiore** zu den ältesten Basiliken Mailands. Es ist eine jener Kirchen, die Sant'Ambrogio, der Schutzpatron der Stadt, selbst geweiht hat. Dieses Gotteshaus diente ursprünglich als Aufbewahrungsort für die Überreste der Apostel Johannes und Thomas, daher auch der zweite Name "Apostelbasilika". Diese Überreste fielen 1075 einem Brand zum Opfer.
piazza san nazaro, telefon: 02 58307719 , geöffnet: täglich 7.30-12.15 & 15.15-18.30, eintritt: frei, u-bahn: 1 san babila, 3 missori

CA' GRANDE ⑯

㉗ Die **Porta Romana** wurde 1598 anlässlich der Hochzeit des spanischen Königs Philipp III. mit der Baronin Margarete von Österreich errichtet, als Mailand unter spanischer Fremdherrschaft stand. Das Tor war Bestandteil der von den Spaniern erbauten Stadtmauern und zwei Jahrhunderte lang das einzige monumentale Zugangstor zur Stadt. An dem Bauwerk hängen heute die Namenstafeln von Opfern des Nationalsozialismus.
piazza medaglie d'oro, u-bahn: 3 porta romana

Essen & Trinken

(1) Das **Globe** in der oberen Etage des Kaufhauses Coin bietet eine grandiose Aussicht über Mailand. In diesem Lokal, das Restaurant, Cocktailbar und Weinbar in einem ist, kann man mittags wunderbar essen. Die Abendkarte hält neben italienischen Klassikern auch ausgefallene internationale Gerichte wie Kängurusteak bereit. An manchen Abenden wird der DJ nach Hause geschickt und durch eine Band oder einen Kabarettisten ersetzt.
piazza v giornate 1, www.globeinmilano.it, telefon: 02 55181969, geöffnet: täglich 12.00-2.00, preis: aperitivo 10 €, straßenbahn: 9, 12 xxii marzo, v giornate

(11) Auf der Weinkarte der **Bottiglieria da Pino** stehen etwa 40 verschiedene Weine. Wer sich nicht auskennt, wird fachmännisch beraten. Dieses Lokal ist übrigens eines der wenigen im Herzen Mailands mit moderaten Preisen. Tipp: frühzeitig reservieren, es ist oft voll.
via cerva 14, telefon: 02 76000532, geöffnet: mo-sa 12.00-15.00, preis: mittagsmenü 13 €, u-bahn: 1, 3 duomo

(22) Bei einem Blick in das Schaufenster von **Rossi & Rossi** läuft einem das Wasser im Mund zusammen. Neben vielerlei herzhaften Köstlichkeiten wie Focaccia mit Tomate oder Pizza mit Zwiebeln lockt dieser Bäcker auch mit hausgemachten süßen Leckereien von kleinen Törtchen und Kuchen bis hin zu großen Geburtstags- und Hochzeitstorten.
corso di porta romana 54, telefon: 02 58307480, geöffnet: mo-sa 7.00-20.00, preis: focaccia 2 €, u-bahn: 3 missori

(23) Beim Fischhandel **I Pesciolini** gibt es nicht nur hervorragendes Essen, sondern auch guten Wein. In der langen Kühltheke liegen verschiedene (noch lebende) Fische. Man wählt einfach einen aus oder bestellt eine gemischte Fischplatte. Anschließend ordert man ein Glas Wein dazu und setzt sich auf einen der Hocker am Holztresen.
corso di porta romana 51, www.ipesciolini.milano.it, telefon: 02 54100474, geöffnet: mo 17.00-23.00, di-sa 9.00-15.00 & 16.00-23.00, preis: 14 €, u-bahn: 3 crocetta

I PESCIOLINI ㉓

㉖ LA BETTOLA DI PIERO

(24) Für viele Mailänder steht fest: Die **Bar della Crocetta** hat die besten Panini der Stadt. Lassen Sie sich weder von der schlichten Einrichtung noch von der lediglich in italienischer Sprache verfassten Speisekarte abschrecken. Die Bedienung spricht in der Regel ausreichend Englisch. Sollte Ihre Lieblingsvariante nicht auf der umfangreichen Karte stehen, wird sie extra für Sie zubereitet. Unbedingt probieren: *panino in coppa* (Brötchen im Glas).
corso di porta romana 67, telefon: 02 5450228, geöffnet: mo-fr 7.00-1.00, sa 9.00-1.00, preis: ab 4,50 €, u-bahn: 3 crocetta

(25) Lust auf einen *aperitivo* der Extraklasse? Dann sollten Sie im **Palo Alto Café** vorbeischauen. Dieses einfach eingerichtete Café mit Holztischen und allerlei verschiedenen Stühlen bietet zur Happy Hour ein Buffet an, das zu den üppigsten Mailands zählt. Außer kalten und warmen Appetizern findet man hier auch Nudel- und Fleischgerichte. Die Weinflaschen hoch oben an der Decke dienen lediglich dekorativen Zwecken. Im Saal im Untergeschoss wird später am Abend getanzt.
corso di porta romana 106, www.paloaltocafe.it, telefon: 02 58314122, geöffnet: mo-so 17.00-3.00, preis: cocktail 8 €, u-bahn: 3 crocetta

(26) Das Restaurant **La Bettola di Piero** ist für seine traditionell-regionalen Gerichte bekannt, sozusagen Mailänder Hausmannskost. Das einfache Interieur sorgt für eine wohnliche Atmosphäre. Probieren Sie das Tagesgericht oder im Winter *risotto alla milanese con ossobuco*. Es gibt auch köstliche *cotoletta milanese*, das typische Mailänder Gericht, das einem Wiener Schnitzel ähnelt.
via orti 17, telefon: 02 55184947, geöffnet: mo-sa 12.00-14.00 & 20.00-22.30, preis: 17 €, u-bahn: 3 crocetta

(29) Bei Mailändern sehr beliebt: **Giulio, Pane e Ojo**, das römische Restaurant der Stadt. Nach dem großen Erfolg in Mailand wurde auch in New York eine Osteria eröffnet. Das Giulio ist zwar gemütlich, aber auch relativ laut und daher nicht für ein romantisches Essen geeignet. Tipps: *spaghetti cacio e pepe* (Spaghetti mit Schafskäse und Pfeffer) oder *saltimbocca* (Kalbfleisch) mit *puntarelle* (eine mit Knoblauch, Öl und Sardellen zubereitete Endivienart).
via ludovico muratori 10, www.giuliopaneojo.com, telefon: 02 5456189, geöffnet: täglich 12.00-15.00 & 18.00-0.00, preis: 14 €, u-bahn: 3 porta romana

(30) Wer einen richtig guten Aperitif trinken möchte, sollte das **Swami Café** besuchen. Stilvoll: die Möbel im Kolonialstil sowie der lange, mit braunem Leder bezogene Tresen. Im Sommer ist die Terrasse geöffnet. Zur *aperitivo*-Zeit am frühen Abend ist so viel los, dass Sitzplätze Mangelware sind.
viale monte nero 12, telefon: 02 55195186, geöffnet: mo-fr 12.00-15.00 & 18.00-2.00, sa & so 18.00-2.00, preis: cappuccino & brioche 2,50 €, u-bahn: 3 porta romana

(31) Das **Mom Café** ist oft so hoffnungslos überfüllt, dass manche Gäste ihren Drink draußen genießen. Das Lokal ist vor allem bei jüngeren Mailändern beliebt, wohl nicht zuletzt auch wegen der günstigen *aperitivo*-Preise.
viale monte nero 51, telefon: 02 59901562, geöffnet: täglich 18.00-2.00, preis: aperitivo 7 €, straßenbahn: 9 viale montenero

MOM CAFÉ ㉛

Shoppen

② **Eataly** ist zurzeit der Slow-Food-Renner Italiens. Hier gibt es einheimische Produkte direkt vom Erzeuger. Man kann die Produkte gleich an Ort und Stelle genießen, aber auch mitnehmen. Eataly befindet sich im siebenstöckigen Kaufhaus **Coin**, in dem Kleidung, Schuhe, Parfüm, Accessoires und Haushaltsartikel großer Marken verkauft werden.
piazza v giornate 1a, telefon: 02 92870066, geöffnet: mo-fr 10.00-20.00, sa 10.00-20.30, so & feiertage 10.00-20.00, straßenbahn: 9, 12 xxii marzo, v giornate

③ Wie der Name schon sagt, dreht sich bei **Arte del Cioccolato** alles um Schokolade. Hier gibt es mehr als 50 verschiedene Pralinen von italienischen Topmarken Italiens wie Slitti. Sogar Diabetiker werden fündig! Tipp: Der heiße Kakao ist einfach himmlisch.
viale monte nero 73, www.artedelcioccolato.biz, telefon: 02 54019419, geöffnet: mo 15.30-19.30, di-sa 10.30-13.00 & 15.00-19.30, u-bahn: 3 porta romana

④ Im Allgemeinen ist die italienische Kindermode ziemlich langweilig. Eine wohltuende Ausnahme ist **La Casa de Pepa**. Hier gibt es farbenfrohe Kleidung und Schuhe (überwiegend von TUC TUC) für die Altersgruppe bis zwölf Jahre, außerdem witzige Wanddekorationen und schöne Holzmöbel fürs Kinderzimmer.
via augusto anfossi 19, www.lacasadepepa.com, telefon: 02 45496927, geöffnet: mo 15.00-19.30, di-sa 10.00-13.30 & 15.30-19.30, straßenbahn: 12, 27 xxii marzo-s.m. del suffragio, 9, 23, 29, 30 piazza v giornate

⑤ **Ernst Knam**, der vielfach preisgekrönte deutsche Konditor, wird auch "Meister der Süßigkeiten" genannt. In seinem Laden gibt es kein alltägliches Gebäck, sondern ausgefallene Kreationen wie Schokokuchen mit Rosenblättern oder Auberginentörtchen mit Himbeeren und Koriander.
via augusto anfossi 10, www.eknam.com, telefon: 02 55194448, geöffnet: mo 16.00-20.00, di-fr 10.00-13.00 & 16.00-20.00, sa 10.00-13.30 & 15.00-20.00, so 10.00-13.00 , straßenbahn: 12, 27 xxii marzo-s.m. del suffragio, 9, 23, 29, 30 piazza v giornate

BERETTA GALLERY (13)

(8) Wenn Sie von unzähligen Augen antiker Puppen angestarrt werden, können Sie natürlich wegschauen, aber das sollten Sie lieber nicht tun, denn dafür gibt es zu viel zu sehen. **Ricordi & Balocchi** verkauft wunderschönes altes und antikes Spielzeug in bestem Zustand, etwa alte Autos und Blech-Brummkreisel aus den Dreißigern. In einem kleinen Nebenzimmer steht sogar ein echtes Puppenkrankenhaus.

via donizetti 2, www.ricordiebalocchi.com, telefon: 02 5511786, geöffnet: mo-fr 10.00-13.00 & 15.30-19.30, sa nach voranmeldung, straßenbahn: 12 xxii marzo, piazza v giornate

⑱ MARIGO

⑩ Sie suchen ein kleines, erschwinglichen Kalbslederetui für Ihren Reisepass? Schauen Sie dann im **Valextra Outlet** vorbei. Hier gibt es neben Ledertaschen auch dazu passende Geldbörsen, Gürtel, Schuhe und Hüte.
via cerva 11, www.valextra.it, telefon: 02 76003459, geöffnet: di-sa 10.00-19.00, u-bahn: 1 san babila

⑫ 20 Jahre lang ging es bei Fendi Casa nur um die Ausstattung von Luxusjachten und exklusiven Hotels. Heute bietet Fendi unter dem Label **Luxury Living** auch Einrichtungsgegenstände an. Neben einer umfangreichen eigenen Kollektion wird in den beiden Ausstellungsräumen auch Design von Kenzo Maison und Vladimir Kagan präsentiert.
via durini 11 & 25, www.luxuryliving.it, telefon: 02 76318301, geöffnet: täglich 10.00-13.00 & 15.00-19.00, u-bahn: 1 san babila

⑬ Outdoor- und Jagdfans kommen bei **Beretta Gallery** auf ihre Kosten. Neben guter Outdoorbekleidung werden Jagdgewehre, Messer und andere Utensilien angeboten, die man braucht, um draußen in der Natur zu bestehen. Der großzügige Laden, der nicht umsonst Gallery (Galerie) heißt, ist einen Besuch wert.
via durini 5, www.berettagallery.com, telefon: 02 76028325, geöffnet: di-sa 10.00-14.00 & 15.00-19.00, u-bahn: 1 san babila

⑱ Neben einer großen Auswahl an Schuhen und Stiefeln für Damen gibt es bei **Marigo** auch Accessoires, unter anderem von Guess. Außerdem findet man hier lässig-feminine Damenmode.
corso di porta romana 40, www.marigo-milano.com, telefon: 02 58303112, geöffnet: mo 15.00-19.30, di-sa 9.30-19.30, u-bahn: 3 missori

㉑ Man kann sich das Angebot von **Skylab** schon zu Hause anschauen, denn ein Großteil der Kollektion ist auf der Website abgebildet. Der Mailänder Laden ist das Outlet der Marke, man bekommt dort vieles günstiger.
corso di porta romana 52, www.skylaboutlet.it, telefon: 02 58324691, geöffnet: mo-fr 9.30-19.30, u-bahn: 3 crocetta

100% there

⑥ Die **Rotonda della Besana** entstand 1693 als Friedhof des Krankenhauses Ca' Grande. In den Gruften entlang der Kirche wurden bis 1783 etwa 150.000 Mailänder bestattet. Seit Januar 2014 beherbergt die Kirche auch das Kindermuseum MUBA. Im Sommer wird die Rotonda auch als Open-Air-Kino genutzt, in dem überwiegend italienische Streifen (ohne Untertitel) zu sehen sind.
via enrico besana 12, telefon: 02 860165, geöffnet: mo 14.30-19.30, di-mi & fr-sa 9.30 - 19.30, do & so 9.30-22.30, eintritt: 5 €, bus: 84 e, straßenbahn: 9 viale montenero, 12, 23, 27 piazza v giornate

⑳ Im **Sun Store Café**, der ersten Wellnessbar Italiens, schlägt man zwei Fliegen mit einer Klappe: Erst geht es ins Solarium oder zur Massage, danach gibt es Kaffee oder ein leichtes Mittagessen mit Carpaccio oder einer Wildreis-Piadina (eine Art Fladenbrot).
corso porta romana 46, telefon: 02 58303167, geöffnet: café mo-sa 8.00-19.30, solarium 10.00-19.30, wellnesscenter 12.00-19.00, u-bahn: 3 crocetta

㉘ In der **Terme Milano** kann man wunderbar entspannen und sich zudem verwöhnen lassen. Diese Wellnessoase befindet sich innerhalb der alten spanischen Stadtmauern. Hier räkelt man sich im Pool bei Unterwassermusik oder auf einem Wasserbett im Relaxroom. Bei schönem Wetter spart man sich die Sonnenbank und lässt sich auf einer Liege im Innenhof bräunen. Wohltuend ist auch die Entspannungsmassage (nur nach Vorbestellung).
piazza medaglie d'oro 2, www.termemilano.com, telefon: 02 55199367, geöffnet: täglich 9.30-23.00, eintritt: ab 32 €, nach 18.30 günstiger, u-bahn: 3 porta romana

TERME MILANO ㉘

Porta Romana & Porta Vittoria

SPAZIERGANG 6 (ca. 7 km)

Der Spaziergang startet auf der Piazza V Giornate mit einem gemütlichen Kaffee (1). Genießen Sie die herrliche Aussicht von der oberen Etage des Kaufhauses Coin (2). Danach in die Viale Monte Nero einbiegen (3) und dann links in die Via Vincenza. In der Via Augusto Anfossi finden Sie bunte Kinderkleidung und Leckereien (4) (5). Den Weg Richtung Rotonda della Besana fortsetzen (6). Vor der Rotonda rechts durch die Via Enrico Besana gehen, um zum Corso di Porta Vittoria zu gelangen. Kurz links in diese Einkaufsstraße einbiegen, um den Palazzo della Giustizia (7) zu bewundern. Danach zurückgehen und bis zur Via Gaetano Donizetti spazieren. Hier geht es links zum Puppengeschäft (8). Danach links und sofort wieder rechts abbiegen, um in der Via Conservatorio das Konservatorium und die Kirche (9) zu besuchen. Von hier geht es über die Via di Modrone links Richtung Largo Augusto, wo regelmäßig Kundgebungen stattfinden. Schauen Sie in den netten Läden in den Seitenstraßen rechts vorbei (10) (11) (12) (13) und setzen Sie Ihren Weg danach Richtung Piazza Fontana fort. Die Via Larga überqueren, um sich in der Kirche San Bernardino alle Ossa (14) zu gruseln. Gehen Sie noch ein paar Schritte weiter und biegen Sie in die Via Sant'Antonio (15) ein, vorbei am Ca' Grande (16). Dann rechts in die Via Pantano (durch die Tankstelle) Richtung Torre Velasca (17) spazieren. An der Piazza links in den Corso di Porta Romana abbiegen und der Straße folgen (18) (19) (20) (21) (22). Die Straße überqueren, um frischen Fisch (23) und die besten Panini Mailands (24) (25) zu kaufen. Dann einen kleinen Abstecher in die Via Orti (26) machen, aber den Spaziergang im Corso di Porta Romana fortsetzen, bis Sie einen großen Platz mit einem schönen alten Stadttor erreichen. Den Platz überqueren (27) (28). Danach links in die Via Ludovico Muratori abbiegen, wo sich das äußerst beliebte Giulio, Pane e Ojo befindet (29). Dann links in die Via Vasari spazieren und die erste Straße links nehmen (30). Beenden Sie den Spaziergang mit einem Aperitif im Mom Café rechts in der Viale Monte Nero (31).

Ⓝ Die Mode-, Schuh- und Möbelmessen der **Fiera di Milano**, der Mailänder Messe, locken viele Designer und Einkäufer an. Außerdem findet alljährlich die große Tourismusmesse BIT statt. Ideal für einen verregneten Tag. Mehr Infos finden Sie unter *www.fieramilano.it.*
strada statale del sempione 28, www.fieramilano.com, telefon: 02 49971, u-bahn: 1 rho-fiera

Ⓞ Der riesige **Cimitero Monumentale**, der Zentralfriedhof, ist der schönste Friedhof Mailands. Die prunkvollen Grabsteine, Kapellen und Grabmäler vermitteln eher den Eindruck eines Freiluftmuseums als einer letzten Ruhestätte. Hier liegen viele berühmte Mailänder wie die Schriftsteller Alessandro Manzoni und Quasimodo. Im Sommer werden Bilder und Skulpturen ausgestellt.
piazzale cimitero monumentale, geöffnet: di-so 8.30-15.15, feiertage 8.30-13.00, u-bahn: 2 garibaldi

Ⓟ Der 1931 vollendete **Stazione di Milano Centrale**, der Hauptbahnhof, ist einer der größten Bahnhöfe Europas. Der Bau dauerte – mit Unterbrechungen – 18 Jahre und kombiniert Elemente verschiedener Baustile wie Jugendstil, Art déco und faschistischer Monumentalstil. Mit einer Länge von 207 Metern und einer Höhe von 36 Metern ist der Bahnhof das zweitgrößte Gebäude der Stadt nach dem Dom. Nicht nur die Glasdächer über den Bahnsteigen sind beeindruckend, sondern auch die Keramikplatten in der Halle, die die Städte Mailand, Florenz, Turin und Rom symbolisieren.
piazza duca d'aosta, u-bahn: 2, 3 stazione centrale

Ⓠ Der zwischen 1955 und 1960 errichtete **Pirelli-Turm** (Il Pirellone) ist ein herausragendes Symbol des Wiederaufbaus Mailands nach dem Zweiten Weltkrieg. Im Jahr seiner Vollendung war er das höchste Hochhaus der Erde. Dieser Rekord wurde zwar längst gebrochen, aber in Mailand ist der 127 Meter hohe Wohnturm noch unangefochtener Spitzenreiter. Viele Menschen kennen das Gebäude von einem Unglück mit einem Sportflieger.
piazza duca d'aosta/via pirelli, eintritt: frei, u-bahn: 2, 3 stazione centrale

Ⓡ Die lange, etwas abseits gelegene Einkaufsstraße **Corso Buenos Aires** ist nicht Teil eines der Spaziergänge, aber ein Muss für Shoppingfans. Hier findet man die größte Benetton-Filiale Mailands und das Taschengeschäft Furla.
corso buenos aires, u-bahn: 1, 2 porta venezia, lima, loreto

Ⓩ **LE SCIMMIE**

Ausgehen

Da Mailänder in der Regel spät und ausgiebig zu Abend essen, öffnen sich die Türen der Mailänder Clubs erst gegen Mitternacht. Die beliebtesten Promi-Clubs befinden sich hauptsächlich in der Nähe des Parco Sempione und des Corso Como. Es gibt zwar keinen Dresscode, aber Mailänder mögen es stilvoll. Daher sollte auch um Mitternacht die Sonnenbrille nicht fehlen. Nicht selten muss man eine Weile anstehen, bevor man eingelassen wird. Die Eintrittspreise liegen bei 15 Euro aufwärts, inklusive Drink.

Ⓢ Der völlig schwarz eingerichtete **11clubroom** wirkt wie ein Wohnzimmer mit Terrasse, in dem die Models ein- und ausgehen. Dienstags ist Studentenabend – kein guter Zeitpunkt für einen Besuch. Versuchen Sie Ihr Glück besser am Wochenende. Doch weil sich jeder unter die tanzenden Models mischen will, wird am Eingang streng selektiert. Tipp: Am besten gut gestylt erscheinen und die Turnschuhe im Hotel lassen.
via tocqueville 11, www.11milano.it, telefon: 02 89281611, geöffnet: di, fr & sa 22.30-3.00, so 19.00-3.00, eintritt: 20 €, u-bahn: 2 garibaldi

Ⓣ Das **Hollywood** hat gewiss nicht wegen seiner Ausstattung (die eher eintönig ist) einen solch guten Ruf, sondern wegen seiner Klientel. In diesem Club geben sich bekannte Models und Fußballspieler die Türklinke in die Hand. Und manchmal trifft man in der VIP-Lounge Berühmtheiten wie Madonna oder George Clooney. Pikantes Detail: Die Damentoiletten gewähren einen Blick in die Männertoiletten, umgekehrt allerdings nicht.
corso como 15, www.discotecahollywood.com, telefon: 02 6598996, geöffnet: di-so 23.00-3.00, eintritt: 20 €, u-bahn: 2 garibaldi

Ⓤ Auch in das **Tocqueville 13** kommen die Besucher in erster Linie, um zu sehen und gesehen zu werden. Samstags geht zwischen spärlich bekleideten Models von Abercrombie & Fitch die Post ab und sonntags kann man abends tafeln (vorher reservieren) und danach in der gestylten Diskothek feiern. Die Kontrolle am Eingang dient lediglich zur Sicherheit der vielen VIPs.
via tocqueville 13, www.tocqueville13.it, telefon: 335 6819631, geöffnet: do-so 23.00-5.00, eintritt: 15 €, abendessen + disco 40 €, u-bahn: 2 garibaldi

Ⓥ Wer in gemütlicher Atmosphäre etwas trinken und danach ein wenig tanzen möchte, sollte ins **Old Fashion** gehen. Diese Diskobar im Parco Sempione bietet einen üppigen *aperitivo*. Im Sommer wird die Tanzfläche nach draußen verlegt. Unser Rat: Möglichst zeitig kommen, so ersparen Sie sich langes Anstehen.
via alemagna 6, www.oldfashion.it, telefon: 02 72092928, geöffnet: mo-sa 20.00-4.00, so 20.00-1.00, eintritt: 15 € oder 20 € (inkl. drink), u-bahn: 1, 2 cadorna

Ⓦ In Mailand befindet sich der erste europäische Ableger des berühmten New Yorker Jazzclubs **Blue Note**. Hier gibt es jeden Abend zwei Live-Auftritte. Wer frühzeitig Plätze reserviert, sitzt in den ersten Reihen und kann dort gutes Essen und Musik genießen.
via borsieri 37, www.bluenotemilano.com, telefon: 02 69016888, geöffnet: di-so 19.30-1.00, eintritt: ab 20 €, straßenbahn: 7, 11 porro-lambertenghi, lagosta

Ⓧ **Il Gattopardo Café** ist eine zur Bar umgebaute Kirche aus dem 19. Jahrhundert. Sehenswert sind die riesigen Kronleuchter, der Altar und die Böden und Säulen aus Marmor. Immer mittwochs und sonntags wird hier Livemusik gespielt.
via piero della francesca 47, www.ilgattopardocafe.com, telefon: 02 34537699, geöffnet: di-so 18.00-5.00, aperitivo: 18.00-22.00, preis: cocktail 10 €, straßenbahn: 1, 29, 33 sempione/filiberto of sempione/arona

Ⓨ Mitten im Zentrum steht ein prächtiges Gebäude, das früher zu einer Bank gehörte. Heute strömt die High Society ins **Le Banque**, um sich einen Drink auf einem der rosa Sofas in der Loungebar zu genehmigen oder im schicken Restaurant zu tafeln. Anschließend wird im eigenen Club getanzt.
via bassano porrone 6, www.lebanque.eu, telefon: 02 86996565, geöffnet: di-sa 20.00-1.00, preis: 15 €, u-bahn: 1 cordusio

IL GATTOPARDO CAFÉ ⓧ

ⓩ Das Café-Restaurant **Le Scimmie** liegt etwas versteckt zwischen anderen Lokalen. Hier stimmen noch die Preise, und am Abend wird Livemusik gespielt. Die Wände des gemütlichen, aber dunklen Raums hängen voller Plakate diverser Events, die in Mailand und andernorts in Italien stattgefunden haben. Es wird vor allem Jazz, aber auch Folk und Rock 'n' Roll gespielt.

via cardinale ascanio sforza 49, www.scimmie.it, telefon: 02 89402874, geöffnet: mi-so 20.00-2.00, preis: 15 €, u-bahn: 2 porta genova, straßenbahn: 3 san gottardo

Alphabetischer Index

Thematischer Index

hotels

sehenswürdigkeiten

shoppen

unterwegs

Impressum

Dieser 100% Cityguide wurde mit größter Sorgfalt zusammengestellt. mo media GmbH ist nicht verantwortlich für eventuelle inhaltliche Fehler. Anmerkungen und/oder Kommentare können an **mo media GmbH, steinstraße 15, 10119 berlin** oder **info@momedia.com** gerichtet werden.

autorin aktualisierung
anja siderius

1. ausgabe
annemarie hofstra

fotografie
vincent van den hoogen, nancy lee, duncan de fey,

übersetzung
gerrit j. ten bloemendal (für bookwerk)

lektorat aktualisierung
caroline kazianka (für bookwerk)

1. ausgabe
tom seidel/ulrike grafberger

konzeptgestaltung
studio 100%

gestaltung & lithografie
mastercolors mediafactory

kartografie
van oort redactie en kartografie

100% Mailand
isbn 978-3-943502-81-7

100% CITYGUIDES

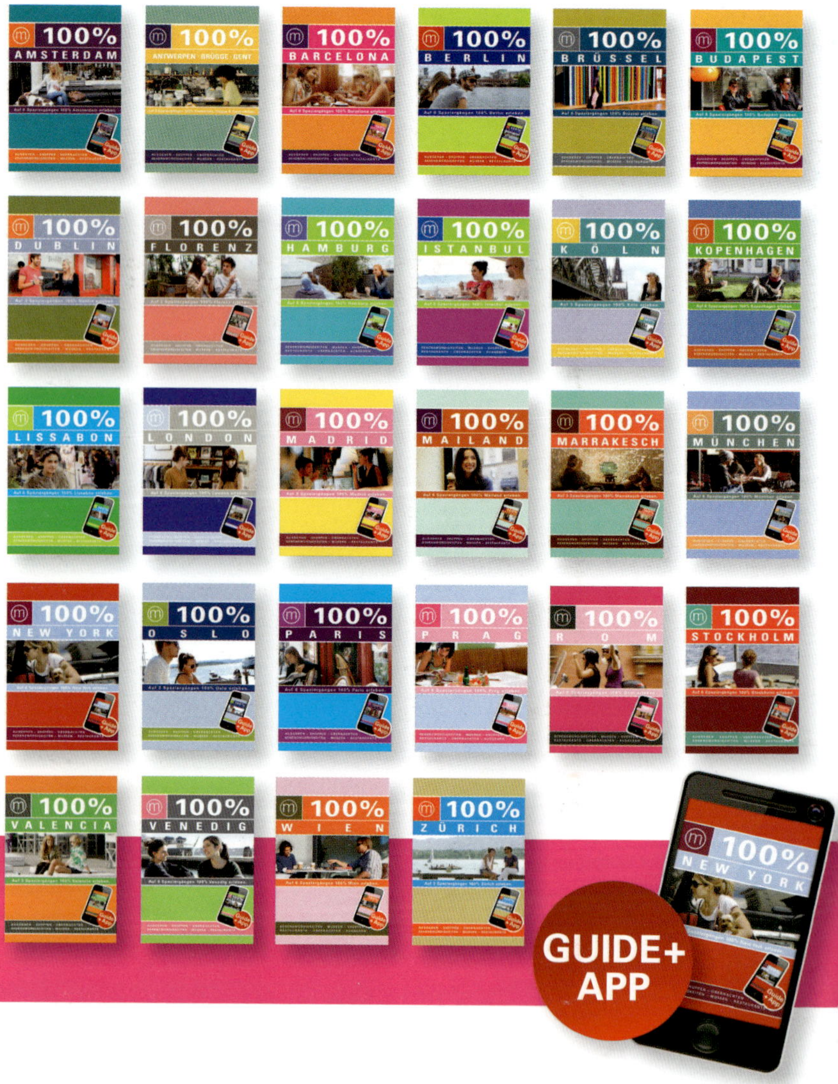

1647 3,–
AS

Meine 100% Geheimtipps
(Notizen und Ideen)

Folge uns auf [Facebook] [Twitter] [Pinterest] und teile Deine eigenen 100% Tipps!

Mehr zu 100% unter: **www.100travel.de**

100 % MAILAND

SPAZIERGANG 1: CENTRO & GIARDINI PUBBLICI
Das pulsierende Zentrum Mailands rund um den gewaltigen Duomo (Dom) ist ein Eldorado für Shopper. Vor allem das Quadrilatero d'Oro ("das goldene Viereck") sollte man nicht verpassen, denn dort liegen die Shops der berühmten Modedesigner. Verschnaufen können Sie auf einer Bank im Park.

SPAZIERGANG 2: BRERA & GARIBALDI
Das alte Künstlerviertel Mailands wirkt etwas weniger städtisch. Hier ist eine der größten Kunstakademien Italiens angesiedelt, und man findet viele kleine Boutiquen. Auf dem Corso Como im Garibaldi-Viertel kann man abends Seite an Seite mit den Promis bummeln gehen.

SPAZIERGANG 3: NAVIGLIO & SOLARI
Der Stadtteil Naviglio, entlang der alten Stadtkanäle, ist das heutige Künstlerviertel der Stadt. Hier findet man zahlreiche Antiquariate und Ateliers. In Solari, dem ehemaligen Arbeiterviertel, flanieren heutzutage die Models, manche mit einer Bewerbungsmappe unterm Arm.

SPAZIERGANG 4: SANT'AMBROGIO, PORTA TICINESE & VIA TORINO
Ein Stadtteil voller Kontraste: stille Gassen rund um die bedeutendste Kirche der Mailänder, Sant'Ambrogio, einerseits und die Betriebsamkeit der Università Cattolica, das pulsierende Nachtleben an den Colonne di San Lorenzo und das Klingeln der Straßenbahnen in der belebten Via Torino andererseits.

SPAZIERGANG 5: DE ANGELI, CORSO VERCELLI & PARCO SEMPIONE
Am Corso Vercelli und in der Via Dante kann man schier endlos shoppen. Wer Restaurants oder auch Bars sucht, findet diese im Viertel De Angeli. Für eine gehörige Portion Kultur und Entspannung bietet sich der Parco Sempione an.

SPAZIERGANG 6: PORTA ROMANA & PORTA VITTORIA
Wegen der vielen schönen Bauten aus dem 18. Jahrhundert und der großen Appartements ist dieses Viertel sehr begehrt – vor allem bei wohlhabenden Mailändern, die sich die stetig steigenden Immobilienpreise leisten können.

100% MAILAND

In Mailand gibt es so viel zu erleben – doch wo fängt man am besten an? Natürlich will man den Dom besichtigen und in den schicken Einkaufsstraßen shoppen gehen. Auch das Künstlerviertel Brera mit seinen zahlreichen Boutiquen sollte man besuchen, in der Gegend um Naviglio zwischen Mailändern einen Aperitif trinken und in einer *pasticceria* etwas Süßes essen. Den Antikmarkt oder eine der zahlreichen Kirchen darf man ebenfalls nicht verpassen. Lassen Sie im Parco Sempione die Seele baumeln oder sich von einer Aufführung im Opernhaus La Scala mitreißen. 100% Mailand zeigt Ihnen, was Sie auf keinen Fall verpassen sollten. Sightseeing & Shopping, Ausgehen & Abenteuer – die übersichtlichen Stadtpläne weisen Ihnen den Weg.

AUF 6 SPAZIERGÄNGEN 100% MAILAND ERLEBEN!